メディアのことばを読み解く7つのこころみ

名嶋義直 編

まえがき

　この本の出発点は、2011 年 3 月 11 日に発生した東日本大震災と、それに続いて起こった福島第一原子力発電所事故です。当時宮城県仙台市に住んでいた編者は、その体験がきっかけとなって、今まで以上に社会そのものについて考えるようになり、研究テーマを大きく変えて批判的談話研究の世界に飛び込みました。やがて、同じような問題意識で研究と実践に取り組んでいる人たちと交流を持つようになり、公共のメディアを通して伝えられる原発事故関連の報道や発言を分析して世に問おうという話になりました。その取り組みをまとめたのが、名嶋義直・神田靖子編『3.11 原発事故後の公共メディアの言説を考える』（ひつじ書房）です。

　その執筆作業の途中から、本の出版と並行するような形であたためてきたのが市民向けシンポジウムの企画でした。原発事故を受けてメディア・リテラシーの重要性が叫ばれている状況で、メディアによる情報操作の実態を言語分析のツールを活用して丹念に記述し、そこから浮かび上がってくるものを論じて本を出そうとしていたわけですが、それだけではなく、原発以外のテーマも加えた「批判的な読み」の実践や試みを、参加者の皆さんと同じ時間に同じ空間で一緒に体験して共有したいと考えました。本を読むのとは異なる形で、参加者自身が「情報を探し、集め、自分の生きている社会と関連づけて読み解き、考え、判断し、行動する」という「批判的な姿勢」、本当の意味での「生きる力」が獲得できる機会を提供したいと思ったのです。

　そのためシンポジウムの形も、学者が自分たちの研究成果を発表することを主たる目的とした上で聴衆として市民の参加も認めるという、よくある形

の「公開シンポジウム」ではなく、専門家でない市民こそが中心となる参加者であり、登壇者から何かを投げかけ、それをきっかけにして共に対話することを目的とする「市民のためのシンポジウム」を目指しました。

　その「国際シンポジウム：言語学者によるメディア・リテラシー研究の最前線—ポスト 3.11 の視点—」は 2015 年 3 月 22 日に仙台国際センターにおいて、当時編者が所属していた東北大学大学院文学研究科の支援を得て開催されました。登壇者は、この本の執筆者 6 名の他に 1 名を加えた計 7 名でした。それぞれ国内外の異なる大学に勤めている教員で、みな言語学や言語教育学を専門としていましたが、具体的な専門分野は語彙論・文法論・語用論・談話分析・日本語教育・英語教育などとさまざまでした。しかし、メディア・リテラシー教育の重要性という点で同じ考え方を共有していました。

　シンポジウムでは、各登壇者がそれぞれの問題意識に即して選んだ多様なテクストとそこに観察されるさまざまな言語事象を取り上げ、実際に多角的な手法を用いて、3.11 以後のメディア言語における情報操作の構造を言語科学的に解き明かし、社会の諸問題から目を逸らそうとする「誰かの意図や誘導」の実態や可能性を目に見える形で示しました。そしてワークショップのように、参加者と一緒になって考えながら、批判的の情報を読み解くスキルやヒントを伝えました。

　参加者の中からは「わかりやすかった」とか「2 回目のシンポジウムを希望する」とかいった声もあがり好評でした。ただ、シンポジウムというものは場所や時間などに条件があり、参加したくても遠かったり都合が合わなかったりして参加できないということが起こります。一方、本ならそういう制約はありません。そこで、シンポジウムでお話しした内容をもとに、各自が加筆したり修正したりしたりして本にまとめて出版することにしました。

　今皆さんの手にとっていただいているのがその本です。シンポジウムの登壇者のうち 6 名が執筆しています。7 つの章に、メディアや政治家や公的団体などの言葉を読み解く試みとヒントが書いてあります。シンポジウムではプログラムの順番に話を聞きますが、この本の場合はもう少し自由です。ま

ず「「ことばとその周辺」を批判的に分析する」の章を読んでください。この章は執筆者全員で書いています。そこには、この本で私たちが何を書きたかったのか、なぜ書きたかったのか、何を読み取ってほしいのかといったことが書いてあります。全体的なまとめでもあり、各章の簡単な案内にもなっています。それを読んだら、あとは好きなように読んでください。各章はそれ1つで完結する内容ですので、どの章からでも読めるようになっています。目次を見て、興味関心を持った章から読んでみてください。そして、情報のいろいろな読み解き方を体験してください。

　この本が、読者の皆さんの「メディアのことばを読み解く力」、「情報に流されず一歩立ち止まって批判的に考える力」、つまり「主体的に生きる力」を伸ばすきっかけや手助けになれば、執筆者一同とても嬉しく思います。

2017 年 2 月 11 日

編者　名嶋義直

目　次

まえがき ……………………………………………………………………… iii

「ことばとその周辺」を批判的に分析する

……………………………………………………… 執筆者一同　1

平和と脱原発を考えるためのメディア・リテラシー

…………………………………………………………… 今村和宏　29

鹿児島県知事の川内原発再稼働承認記者会見について

……………………………………………………………… 野呂香代子　51

原発事故と原発をめぐる新聞の姿勢
—何が本当のところか—

………………………………………………………………… 神田靖子　87

メディアリテラシーで斬る官の文言とクールジャパン政策

……………………………………………………………… 大橋　純　123

マスコミの言説に潜む誘導性
—NHK「時論公論」の場合—

………………………………………………………………… 庵　功雄　141

特定秘密保護法に関する記者会見記事の批判的談話分析
—批判的リテラシーの重要性—

………………………………………………………………… 名嶋義直　161

執筆者紹介 …………………………………………………………………… 193

「ことばとその周辺」を批判的に分析する

執筆者一同

1. 「ことばとその周辺」を批判的に分析することの意義

　2011 年 3 月 11 日の東日本大震災とそれに続く福島第一原発事故を境に、私たちの社会は大きく変わったと言えるのではないでしょうか。それまでは知らなかったことが次々に明るみに出てきたり、それまでは正しいと思っていたことが実は嘘であったということが明らかになったりしています。その一方で、社会にはさまざまな情報が溢れていて、何が真実で何が真実でないのかよくわからなくなっているのが現状です。

　そのようなことを背景にしてか、近年、いろいろなところで、メディア・リテラシーの重要性が叫ばれています。情報をいかに手に入れ、いかに理解し、いかに活用するかが問われ、その能力を伸ばすことが求められていると言ってよいでしょう。しかし、それはとても難しいことのようにも思えます。私たちはいったいどうやって情報と向き合い、それを読み解いていけばいいのでしょうか。

　そのヒントになるのが「ことば」です。なぜなら、普段の生活において、何よりも私たちはことばを使ってコミュニケーションすることが多いからです。ただし、ことばだけがコミュニケーションの道具の全てではありません。映像や図などの視覚情報や、音声などの聴覚情報も意味を伝達します。そこで、ここではそれらを含めて「ことばとその周辺」と呼ぶことにします。

　本書では、その問題意識のもと、「ことばとその周辺」に着目し、メディ

ア自身が作り出す言説や、メディアを介して伝えられる政治家や官僚などの言説を、言語分析の視点を活用して丹念に記述し、メディアや公共の言説における情報操作の構造を言語科学的に解き明かし、そこから浮かび上がってくる誰かの意図、社会の諸問題から私たちの目を逸らそうとする行動の実態を冷静に論じたいと思います。

　本書の第一の目的は、なんらかの政治的な主張をしたり、そのような主張の正当性を論じたりすることではありません。かといってそれを否定するのでもありません。そのような政治的な主張や議論は、よりよい社会の実現のために欠かすことのできないものであり、政治家だけが行うことではなく、一般市民と呼ばれる私たちこそが行うべきことであるからです。しかし、その前提となるのが、情報を読み解き、考え、活用する能力です。そこで本書では、メディアやメディアに容易にアクセスすることのできる人や組織などの発した「ことばとその周辺」を、さまざまな観点から分析するとどういうものが見えてくるかということを、読者の皆さんと一緒に体験したり考えたりする機会を提供したいと考えました。各執筆者の取り上げる分析対象は異なりますが、皆、批判的な読みの実践例を示し、それを読むことを通して、着目点を増やしたり分析の仕方を学んだりしながら、メディアからの情報を批判的に読む過程を共有してほしいと考えています。

　それを通して、最終的には読者一人一人が「情報を自分の生きている社会と関連づけて読み解き、考え、判断する」という「批判的読解力」、すなわち、美辞麗句ではなく、本当の意味での「生きる力」が獲得できるような機会を提供できれば素晴らしいことであると思います。普段は何のひっかかりもなく見ているテレビ番組、何気なくさっと読んでしまう新聞、クリックとスクロールで眺めているホームページやブログやソーシャルネットワークサービスなどのウェブサイト、なにか固い言葉で難しいことを言っているように聞こえる政治家の記者会見や演説、そういう言説を言語学の観点で読み解いていきましょう。何か新しいものが見えてくるはずです。何か今まで見えていたものの姿が変わってくるでしょう。本書を読む前と後とでメディアを通して見える世界が変わったなら、それは批判的なメディア・リテラシー

が向上したことに他なりません。

　私たちは、メディアは嘘をつく、メディアを疑え、と言いたいわけではありません。新聞やテレビは時代遅れでだめだと言いたいわけでもありません。どのようなメディアでも、いや、メディアに限らず生身の人間のコミュニケーションでも、誰かが誰かに何かを伝える時には情報の取捨選択が行われ、語の選択が行われ、叙述の仕方が選択され、何に焦点を当てるかやどういう立場で描くかといった選択がなされています。それに加えて、同じ情報を受け取っても受け取った側がどういう既存知識を使ってどういう意味付けをして解釈するかは、決して一様ではありません。そういう意味では「完全な真実」のようなものは伝達されている情報にはないと言ってよいでしょう。そして、その情報がどういう形で発せられるかということと、その情報をどういう風に受け取るかということとは、密接に関連しています。社会に生きる人々がことばを選び、選ばれたことばが人々に働きかけます。それらの相互作用でさまざまな解釈が作られていきます。一定の解釈が一定の人の行動を規定し、それらの行動がまたことばを選び、そのことばがまた人々に働きかけ、社会を作っていきます。つまり、ことばを選び、ことばを使うという行為が社会を作っていくのに大きな役割を果たしているということになるわけです。

　そこには「力によって他者を支配していこうとする人や集団や制度など」、一般に「権力」と呼ばれるものが存在します。ここで言う「権力」は決して国家権力のようなものだけを指しているのではありません。たとえば、教員は学生に対して権力側ですし、親は子供に対して権力側です。これは相対的な力関係であり、他方に対して権力側にあるものが別のものに対しては被支配側になることもあります。そして、人々に一定の影響を与える人や一定の集団や制度などの「権力」は、他者を支配しようとする「意図」を持ち、その意図を行動に移し、その実践としての言説を作り出し、それらを通して「自らが持つ価値観や理念、思考構造、行動様式など」を発信します。それを「イデオロギー」と呼ぶことにしましょう。ここで言うイデオロギーとは、右とか左とか○○主義とかいう狭い意味での政治的なものだけを

指しているのではないことに注意してください。イデオロギーとは、一言で言えば、「世界の見方」です。1つの社会であっても異なる世界の見方をとれば異なる別の世界がそこに出現し存在することになります。では、自分のイデオロギーを他者に受け入れさせることができればどうなるでしょうか。その他者はそれまで持っていた固有の世界の見方を放棄し、誰かと同じ世界の見方を受け入れることになります。つまり、あるイデオロギーを受け入れさせることができれば、意図的に世界を変えたり別の世界を作り出したりして他者を支配していくことも可能になるわけです。

　私たちが普段目にしたり耳にしたりしている言説の中に、そのような「権力側の意図」や「イデオロギー」や「その意図に動機づけられた支配の実践」が介在する余地があるとしたら、そして、もしその意図やイデオロギーや実践に気づかなかったら、私たちはいつの間にか誰かの思うような解釈に導かれ、誰かの望む社会に誘導されてしまうかもしれません。また、ミシェル・フーコーの言うように、権力が社会の中に網の目のように張り巡らされているなら、被支配者側で社会的弱者だと思っていた人が、自分の知らないうちに権力側に取り込まれ、権力を行使して他者を支配しているということも起こりえます。そこには二重の支配があります。このように「ことばとその周辺」は、社会のさまざまな場面で、直接的・間接的・複層的に私たちを支配するわけです。

　その支配に気づかず黙って受け入れていてもいいのでしょうか。それでは主体的に生きていることにはなりませんし、自分や家族を守れないかもしれません。権力に利用され自らの意図に反して他者の抑圧に加担してしまうかもしれません。そうならないためには、「ことばとその周辺」を批判的に考えることが重要になってきます。私たちは、現実的には、真である情報だけではなく偽である情報ともつき合わざるをえません。部分的に真だったり部分的に偽だったりする情報もあります。あからさまな意図やイデオロギーの押し付けや強圧的な実践はもちろんのこと、自然を装って巧妙に仕組まれたそれらにも向き合わなければなりません。それならば、うまくつき合う方法を身につけた方がいいのではないでしょうか。

これまでの社会もそうでしたが、これからの社会は今まで以上に、「ことばとその周辺」を批判的な視点で読み解いていき、権力の意図・イデオロギー・実践を見つけ出し、それに抵抗する意図のもと、自分のイデオロギーを確立し、自分の生き方を実践していくことが求められるはずです。批判的なメディア・リテラシーを涵養していくことの意味はそこにあるのです。

　では、次に、「ことばとその周辺」を批判的な視点で分析する学問的姿勢を紹介します。

2.　批判的談話分析／批判的談話研究とは何か

　ここでは、一般に「批判的談話分析（Critical Discourse Analysis; CDA ／批判的談話研究 Critical Discourse Study; CDS」と呼ばれている研究が、どういうものなのかを簡単に分かりやすく説明してみたいと思います。

　まず、「批判的談話分析」という用語ですが、談話を批判的に分析するための単なる方法論だと勘違いされることが多いことから、最近では「批判的談話研究」という言葉が使われるようになってきました。無論、いくつかの代表的な分析方法はあるのですが、研究の目的は談話を分析することにあるのではないのです。どういうことかというと、批判的談話研究は、分析者の問題意識をもとに、一定の社会問題や現象に目をやり、それらをめぐる談話に内包された権力性を分析を通して見える形にし、社会に訴えるものなのです。つまり、人々が抑圧や差別などから解放されるのに役立つような知識を伝えようとするものです。一言でいえば、一般的な研究が真理や法則を追求するのが目的であるのに対し、批判的談話研究は、現実社会の不条理を改善すべく、人々が、社会を読み解く力、「批判的リテラシー」を身につけることを目指していると言っていいでしょう。これが一般的な学問と批判的談話研究を区別する特徴です。

　というわけで、批判的談話研究は、1つの理論や分析方法に基づく談話分析を指すものではなく、今挙げたような研究姿勢を共有する学問分野ということになります。したがって、実際に依拠する理論や方法はさまざまです

が、批判的談話研究にはいくつかの共通点が挙げられます。

　一般に、学問は客観的、中立的なものでなければならない、と言われますが、どうでしょうか。たとえば、何かを調査する際にさまざまなデータを用いて、数値で結果を出したとしても、データの選択や分析過程で、分析者の価値観や人間性などが入ってくるのではないでしょうか。分析者は社会の一員として現実社会に生きているので、社会の常識などに左右されるかもしれません。ですから、批判的談話研究には学問の客観性、中立性をうのみにしない態度が求められます。

　同様に、今生きている時代、また住んでいる社会で真理、真実と考えられていることも、今の時代、今生きている社会の中の常識であって、時代や場所が変われば、全く違うものになっているかもしれません。また、そうした常識は、社会的に権力を持つ人たちによって作り上げられ、いつの間にか、真実のごとく皆さんの前に現れているだけなのかもしれません。批判的談話研究は、そうした、社会で当たり前のように言われていることの中に権力性をかぎつけ、それを目に見える形にしようとします。

　また、学問の客観性と言っても、研究者は、社会的存在である自分から逃れることはできません。研究手法や論文スタイルがいくら客観的であっても、研究者は中立的存在ではいられないのです。そのことを明確にするため、批判的談話研究は、研究者自身の立場を表明します。たとえば脱原発派の研究者と原発推進派の研究者とでは、当然、研究内容が異なってくるでしょうから、それをはっきりさせ、はっきりと表明する、ということです。

　ここまでは、「真実」や「客観性」などに対する研究者の態度について述べました。次に、批判的談話研究の研究内容の特徴についてお話ししたいと思います。

　談話分析研究は言語学の一分野に位置づけられることが多いのですが、言語形式を中心に分析する一般言語学とは大きく異なります。批判的談話研究は、話し言葉や書き言葉に現れた言語形式や内容だけではなく、言語外の、たとえば視覚や聴覚に訴えるもののような、ことばだけではなく「その周辺」において談話の意味作りに関連しているかもしれないものはなんでも考

察の対象とすることができます。また、言語が使用される社会的状況・歴史的背景などのさまざまなコンテクストも重視します。たとえば、一般の人に向かって専門用語が使用されたりする場合、専門家と素人という社会的地位の上下関係や専門知識が権威づけの道具として利用され、その意図するところは、単に相手を煙に巻くことなのかもしれません。また、今の時代に現れた表現が、過去にさかのぼって見つかる場合、その当時の一定の社会的状況がほのめかされているかもしれません。このような分析ができるのは社会的状況・歴史的背景などのさまざまなコンテクストを重視するからです。

　批判的談話研究は、このようにさまざまな角度から談話に注目することで、その意味を探ろうとするので、おのずと学際的なものとなります。その研究の目的は、社会の（たとえば、差別や抑圧、言論統制、戦争、格差社会、ネオリベラリズム、グローバル化等々…）の問題の可視化、解決に向けての意識化にあるので、そのために利用できる発想、分析道具は何でも使うという意味から、「学際的」です。また、さまざまな分野からの人たちと共同で作業をするという意味でも「学際的」となります。

　ところで、そもそも「談話」とは何なのでしょうか。普通の日本語の脈略では、政府発表の「談話」や、話し合ったり、おしゃべりしたりするという意味の「談話」（「談話会」や「談話室」など）が思い浮かびますが、ここでは、もっと広く、人々が話したり書いたりする行為、あるいはその結果、表現されたものと理解してください。その上で、批判的談話研究における談話について述べると、学者により意味するところはそれぞれ違っていますが、大きな共通点は、談話を社会的実践として捉えているということです。人が何かを話す／書くことが、何らかの社会的な意味を持つ行為を行っていると考えるのですが、その発せられるものは決して個人の持ち物ではなく、歴史的、社会的に形成されてきたもので、人はそれらを組み合わせながら、これまでの社会的意味を維持したり強めたり、あるいは、新たな意味を生じさせているということになります。

　そして、批判的談話研究は、それらの談話に埋め込まれていたり、談話を通して行使されたりする権力性に関心を抱きます。人の自由を奪ったり、人

を支配しようとしたりするメカニズムが自然に見える談話の中に隠されていないか、中立的、客観的外観の中に、権力を持つ者の大きな意図が隠されていないか、たとえば、メディアが、中立的な立場を装って権力側の意向を一方的に伝えていないか、そこで見られる談話がいつの間にか一般社会に広がっていないか、などを調べたりします。そして、そうした談話を観察することで、それらに対抗する新たな談話のあり方を探ろうとするのです。

　テレビを見たり、新聞を読んだりして、いつもそのまま「ああ、そうなんだ」と信じ込んでしまいますか。それとも「ん、何だ、この奥歯に物が挟まったような言い方は」とか「そうなのかなあ」などと思ったことがありませんか。その時抱いた疑問を突き詰めていけば、背後にある、非常に大きな何かが見えてくるかもしれません。すると、色々な社会的現象があなたの中で関連しあってくるのではないでしょうか。批判的談話研究は、目にするさまざまな現象や問題の描かれ方に対する疑問から始まります。

　では続いて、いくつかの具体的な例を取り上げ、批判的談話研究を行うことで何が見えてくるのか、その実践の意味は何か、ということを考えていきましょう。

3.　文化発信の面から批判的談話研究を実践することの意味

　国家の事業は明確な意図によって行われます。文化や芸術に関するものもその例外ではありません。国家による文化発信はある意図に基づいて行われます。その意図は様々な談話に織り込まれています。ここで言う談話とは、発話を含む、全てのマスメディアを介した言語使用を意味します。Fairclough（1992, 2005）によると、談話は、世界の様々な事象のある部分や側面をある一定の見方で映し出したもので、例えば、社会、政治、経済情勢に疑問を投げかけたり、また現状維持を固守するなどの意図を持った者にとって、重要な戦略的な道具となります。しかしながら、その意図は、時に見えにくいため、批判的な眼差しを持って可視化していく必要があります。

それが、批判的談話研究の実践です。ここでは、文化発信の意図を可視化する試みについて、時間的な経緯を追ったり関連するコンテクストを参照したりする例を挙げながら、なぜそのような分析が大切かを説明していきます。

　日本政府が文化発信をする上で想定する受信者として思いつくのは、その文化に興味関心を持っている、海外のメディアや消費活動をする一般の人々ですが、日本の文化を国内に向けて発信する場合もあります。

　2006 年 4 月から NHK で放映されている「Cool Japan—発掘！かっこいい日本」という番組は、外国人の視点から、日本の衣食住の文化を再評価する番組で、日本国内の視聴者をターゲットにしています。外国人に日本人が気がつかない日本文化の良さを指摘してもらうことは、日頃日本人が当たり前だと考えていることに新たな価値を見いだすことになります。実はこの番組は、2005 年 2 月 25 日に知的財産戦略本部コンテンツ専門調査会日本ブランド・ワーキンググループによってまとめられた「日本ブランド戦略の推進」、それに続いて同年発表された「知的財産推進計画 2005」[1]の翌年に始まっています。つまり、そのタイミングを見ると、国益を睨んだ国家政策の一貫として始まった番組ではないかと考えることができます。

　その「知的財産推進計画 2005」を見ると、新たな安定財源を開拓する必要性が強調されています。これはバブル崩壊後の経済低迷が長期化する中で、資源の乏しい日本にとってはとても大切なことです。だからこそ日本の魅力の再評価をし、海外に向けて発信することの必要性が訴えられています。これが、政府の意図だと言えそうです。当然、その意図の下、さまざまな実践が行われることになります。2010 年 6 月に経産省内に「クールジャパン室」が設置され[2]、「クールジャパン」が、国家戦略として定着していきます。

　しかしながら、東日本大震災により日本は危機的状態に陥り、国策として進めてきた「日本の魅力」をクールジャパン政策の下で海外発信するどころではなくなり、その代わりに「復興」の物語を発信するようになります。東日本大震災後の「クールジャパン」政策の公文書に「復興」や「再生」という言葉が頻繁に使われるようになり、クールジャパン戦略の主たる目標にも

なっていきます。この段階で、「クールジャパン」をめぐる談話に変化が生じ、日本は復興している／復興したというイメージを発信するという意図が明らかになります。つまりクールジャパン政策により復興の物語が世界に発信されることになります。2013年11月には官民ファンド、クールジャパン機構が設立され[3]、日本政府をはじめ、大手銀行、投資会社、大手広告代理店が出資者となり、官民を挙げて世界のマーケットの需要獲得のために、復興している／復興したクールジャパンを世界に発信するという体制が整います。日本の魅力の発掘とそのイメージづくりの発信を担う大手広告会社は、早速、専門のプロジェクトチームを社内に立ち上げ（電通：チーム・クールジャパン、博報堂：クールジャパン推進室など）、「復興」の物語が広く発信されていきます。

　同時に、復興のイメージづくりに不都合な事柄は報道されなくなります。復興をアピールすることが問題なのではなく、事態の真相が明かされず、長引く被災の実態が置き去りにされ、忘れさられてしまうことが問題です。日本の経済成長のために「日本の魅力」を付加価値とした様々な商品を海外市場に売りこむことがクールジャパン政策の主目的です。これには大いに賛同しますが、日本のよいイメージづくりに不都合な内容の報道が排除される危険性を孕んでいます。日本の大手新聞を購読し、テレビを視聴している一般的な家庭には、実態はなかなか見えてきません。

　一方で海外に在住する者にとっては、ほとんどの日本に関する情報は努力して自ら収集するほかありません。本書で海外に在住する執筆者たちが、大震災以後、日本に住む友人などとメールのやり取りをしていて感じたことは、危機感があまりないということでした。つまり、ある意図（例えば、パニック回避や、日本のよいイメージづくり）によって統制されたメディアからの談話に囲まれていると、危機感を持ち得ません。これは、戦時中の日本の報道のあり方を見ると、とても危険なことだとわかります。つまり、翼賛体制下で、日本の国策を後押しするような報道が繰り返され、国民は戦争の深みへと誘導され、ある日突然酷い現実と向き合うことになったのです。

　ここまで読まれた皆さんは、文化発信と翼賛体制やメディア統制とを結び

つけることに違和感を覚えるかもしれません。しかし、これこそが批判的談話研究の手法でもあり、それを行うことで見えてくるものがあるということなのです。そこで、何が発信されていて何が発信されていないかを批判的に考えるために、最近のメディアをめぐる出来事に目を向けてみましょう。

　マスメディアにおいて、安倍現政権に対する批判的談話が抑制されていると考えざるを得ない事態が生じていることをご存知でしょうか。テレビ報道番組においても、現政権の政策に不都合な発言や、思想を反映しているニュースキャスターが次々と降板しています。日本が法治国家である以上、権力を監視する役割としてのジャーナリズムは権力の影響下にあってはならないのですが、現実問題として、権力には逆らえないという空気が報道関係者間にも蔓延しているようです。TBSの「報道特集」のキャスターである金平氏が朝日新聞のインタビューで、現在のTBS社内の様子を「組織の中の過剰な同調圧力です。萎縮したり、忖度したり、自主規制したり、面倒なことを起こしたくないという、事なかれ主義が広がっている。若い人たちはそういう空気の変化に敏感です。」と述べています[4]。新聞記事が示すように、報道関係者の中にも自由に議論する「空気」が無くなってきていると述べている人が存在するわけですが、ここで気になるのは、空気を読んで、相手の気持ちを察することが自主規制となっているということです。つまり、場と立場をわきまえ、社内での自分の役割に徹することが暗黙の了解になっていることです。このように、いわゆるサラリーマン記者化が進んでいる報道機関では、権力の枠から離れて中立公正な報道をすることは不可能と言えるでしょう。

　先に談話には様々な意図が織り込まれているという話をしましたが、メディアから発信される談話にも、様々な意図が織り込まれています。そしてその中には自分よりも大きな何かが醸し出す空気に自主的に同調するという意図も含まれるでしょう。また、権力や圧力の影響下で、自然を装って巧妙に隠されることで、世に出てこない意図や談話もあるでしょう。だからこそ、批判的談話研究が必要なのです。内外の多様な談話や情報に触れ、発信されているものを批判的に思考し、それと同時に発信されていないものにも

目を向け、それらが発信されていないことの意味を考える、そういう批判的な実践をすることで、はじめて社会の空気や、談話の正体、つまり私たちをコントロールしたり抑圧したりどこかに導いていこうとしたりする何かの誰かの意図が見えてくるからです。これが、文化発信からメディアや政府というものを考えていくことの利点です。海外の視点から日本国内の諸問題を眺めることも、同じ点において、メリットがあります。

　しかし、国内にいても、自分でさまざまな情報源から談話を集め、批判的に読み込み、さまざまな意図を炙り出すことができるはずです。談話に織り込まれた頻繁に用いられる語彙や表現に、ある意図が潜んでいます。その意図の存在ゆえに報道などに現れてこない語彙や表現もあります。2011年の東日本大震災後に意図された「復興している／復興したクールジャパン」というイメージは今はどう扱われているでしょうか。第1回クールジャパン戦略推進会議2015には、復興という言葉すら、使われず、新たに2020年の東京オリンピックが1つのキーワードになっています。オリンピックを開催するには復興が達成されていることが条件になります。ということは、復興の物語を発信することは、いまだ復興途中であることを伝えるため、不都合な題材で邪魔なものになり選択されなくなるわけです。ある意図のもとで、復興が焦点から外れ、被災地の実態は増々見えにくくなっていくでしょう。同じように東京オリンピックの邪魔になる話題を含む談話は、国内の大手メディアからは出てこなくなるでしょう。

　本節では、クールジャパン政策のこれまでの変遷を例に、時勢、情勢を反映して様々な意図が織り込まれるということを見てきました。文化発信という一見無害にみえる国家の政策にもさまざまな意図や実践が隠れていることが明らかになりました。そこからも、批判的談話研究という姿勢が、身近な社会を考える際にとても重要であるということがわかります。

4.　教育現場で批判的談話研究を実践することの意味

　「情報を自分の生きている社会と関連づけて読み解き、考え、判断する」

という「批判的読解力」を重視する批判的談話研究の姿勢と手法は、メディアが伝える情報やメッセージを受け手が主体的、批判的に読み取る意識と技術を意味するメディア・リテラシーと重なる側面が大きいと言えます。メディア・リテラシーの教育をする中では、必然的に批判的談話研究を実践しているとも言えるでしょう。そこで、以下では、大学で留学生や日本人学生にメディア・リテラシーにかかわる授業をしてきた経験から見えてきたことを振り返りながら、教育で批判的談話研究を実践することの意味を考えてみたいと思います。

　人文社会科学を学ぶ大学生は、データや事実に基づいて論じること、批判精神の大切さを教えられています。しかし、それを具体的に実践の中で体系的に学ぶ機会はそれほど多くないのではないでしょうか。また、それを自分の専門分野で一定程度実践しているとしても、専門分野の外に目を向け、メディアが伝える情報やメッセージから受ける微妙な影響を意識することは稀です。そのため、メディアの誘導手法を主体的、批判的に読み解くための具体的な観点や手法を提示されると、敏感に反応するということがしばしば起こります。

　たとえば、「価値判断を含むことばに注意する」という観点を考えてみましょう。その観点を取り上げる際、それを抽象的なルールとして教師が一方的に与えるのではなく、対話をとおして、具体例をいっしょに吟味するプロセスを体験することが大切です。まず、（1）の文を学生に提示し、「この状況は」に続く内容を考えてもらい、様々な文面が想定できることを確認します。そのあとで、（2）の文を読んだときに、「事態」ということばからどのような印象を受けるかと質問します。すると、大半の学生から、「状況」とは違って「問題だ」とか「深刻だ」など、ネガティブな感じがするとの答えが返ってきます。（実際には、否定的ではなく、「真剣に扱うべき」などの意味合いもありますが、この段階では深入りしません。）

（1）　今、原発は止まっている。この<u>状況</u>は…
（2）　今、原発は止まっている。この<u>事態</u>は…

表面上は「今、原発が止まっている」ことに関する価値判断は書かれていなくても、すでにそれが否定的な内容であると読者を誘導する傾向が「事態」にはあるため、そのあとに原発が停止している状態を問題視する内容が続くことが受け入れやすくなります。その事実に、学生は驚きを持って自ら気づくわけです。こうした主体的な分析と気づきのプロセスを経ていれば、「価値判断を含むことばに注意する」という観点は、単なるお題目ではなく、実感をともなった「生きた手法」として定着する素地ができるでしょう。

　しかし、上にあげた例で止めては不十分かもしれません。なぜなら、上記の「事態」の使われ方を原発推進の立場による誘導の例として批判することで、暗に原発推進側の評価を下げるよう誘導していることになるからです。実際に、教師のそうした無意識の意図を感じ取って厳しく指摘する学生が現れる場合があります。少なくとも何となく違和感を抱く学生は少なからず出てきます。ではどうすればいいでしょうか。（3）のような例をあげて、同じテクニックを使って原発反対の立場での誘導も可能であることを補足すればよいのです。なお、ここでも、学生自身に（3）のような例文を考えさせることができれば、より主体性をともなったメディア・リテラシーが育まれるでしょう。

（3）　原発が再稼働した。この事態は…

　ここまで確認してはじめて、メディア・リテラシー教育は、特定の主義主張や文化的価値ではなく、メディアを批判的に分析する「ツール」を提供することを主眼とするという趣旨が説得力を持つことになります。

　さまざまな方向性を持つメディアを批判的に分析するツールは、自分自身を外から分析するために使うこともできます。そのことに学生たちが気づいて、自分を相対化できれば、視野はさらに広がります。まず、様々な立場のメディアを分析する中で、複数の見方を知り、自分なりに考えれば、自分の軸足を徐々に形成していくことができるでしょう。「物事を単純化しすぎな

い。レッテルをはがす」という手法は、メディアの言説を分析する際に使えるだけでなく、自分の判断、論の進め方をチェックするためにも使うことができます。自分自身のバイアス（先入観や偏見）に気づくために、ときには、自分自身の立場が明確な具体的な話題を使って、あえて自分と反対の立場に立って考えてみることで、様々な発見があるでしょう。

　以上のように、身近な具体例とともにメディア・リテラシーの観点や手法を学ぶことの意味は大きいと言えるでしょう。実際、「中学や高校で習ったメディア・リテラシーの抽象的な概念がはじめて実感をともなって迫ってきた」、「メディアの影響力の大きさを思い知らされた」などの感想を、上記のような授業を受けた受講生の多くは述べています。それだけではありません。対話や学びあいを通して自ら答えを導き出すメディア・リテラシーの学習プロセスは、能動的で参加型であり、気づきや発見は成功感を伴います。そして、そこで得られた満足感がメディア・リテラシーの手法を実践するための強い動機づけとなるのです。

　しかし、能動的で参加型の学習プロセスを通して、学ぶ側に主体的で批判的なメディア・リテラシーを育てれば、教師自身もその批判対象となることは避けられません。教師は、自分自身の立場を明らかにしたうえで、事実の提示や分析手法、表現においては、極力総合的・複合的に分析する姿勢を守る必要があります。その姿勢が弱ければ、学生からの批判的な実践を受けることになるでしょう。メディア・リテラシーの授業実践では、批判のためのツールを手にした学生の厳しい目が光っています。授業内容を肯定的に評価するものだけでなく、控えめなものから手厳しいものまで、様々な批判を受けることになります。しかし、それは歓迎すべきことです。逆に、批判的なコメントが少ない場合は、学生の批判的な目が育っていないか、自由な批判を控えさせる雰囲気がある可能性があるので、反省材料にしなければならないと考えたほうがいいでしょう。寄せられたコメントの中には時として明らかに誤解にもとづく批判も含まれますが、それすらも受け止め、学びのきっかけにする謙虚さが通常の授業以上に求められます。

先生のプレゼンは一次資料に裏付けられていて、様々な立場の存在も示されているので説得力があるが、それでも自分の主張に有利なデータや論拠を選択しながら私たちを一定の方向に誘導している部分があると感じた。そんな微妙な誘導を見抜く力をこれからもっと身につけていきたい。（受講生の感想）

　授業の中でこのような感想を述べる学生が数多く出てくれば、批判的談話研究やメディア・リテラシーの教育実践が成果を収めつつあると判断してよいでしょう。大学などの教育現場において批判的談話研究を取り入れていくことの意味は、健全な批判的姿勢と批判的リテラシーを育てることができるところにあるのです。

5.　定量的（数量的）観点から批判的談話分析を実践することの意味

　ここまで読んでくると、批判的談話研究は質的研究であるというイメージを強く持つかもしれません。批判的談話研究がどのようなものであるかは、研究者によって考え方や立場が異なる場合もあり、質的な研究のみを批判的談話研究であると考えている研究者もいるかもしれません。しかし、メディアの言説を分析する際のもう1つの可能性は、大量のデータを集めて、そこに見られる量的な「偏り」から、その言説の「隠された意図」を明らかにする、という手法です。つまり、批判的談話研究を量的な観点から行うことも重要です。では、その量的な考察にはどのような意味があり、何を明らかにすることができるのでしょうか。

　「数字」は恐ろしいものです。1例を挙げてみましょう。以下は、2016年3月6日に銀座であった、「ヘイトスピーチデモ」とそれに反対する「カウンターデモ」の衝突に関する記事に書いてあることです[5]。

　昨年1年で銀座では14回のヘイトデモがあり、そのたびにカウンターデモも行われました。カウンターデモ側は、ヘイトデモを封じ込めるために、

商店街の協力を得ようとしましたが、ヘイトスピーチもカウンターもうるさいと言われたため、この日は、ヘイトデモ側からどのような挑発を受けても無言で抗議する「サイレントデモ」を行うことにしたということです。

　まず、このときの「事実」は、ヘイトデモ側の参加者数は 60 〜 70 人であったのに対し、サイレントデモ側の参加者数は数百人であったということです。さらに、記事によると、「当時［3 年前］に比べると、［ヘイトデモの］参加者は大幅に減った。若者の姿も少なくなり、大半が中高年だ。女性に至っては 2 〜 3 人しかいない。カウンターの人々が、老若男女さまざまな人たちからなるのとは大違い」だとのことです。

　では、この「事実」を朝日新聞デジタルはどのように報じたのでしょうか。以下はその記事の一部です[6]。

　　　日の丸を掲げたデモ隊は「朝鮮学校をぶっ潰せ」「（中国人らへの）国費
　　　留学制度廃止」などと訴えて銀座の大通りを行進。これに対して抗議す
　　　る市民らは「銀座の街はヘイトスピーチを許さない」「人種差別反対」
　　　などと書いたプラカードを掲げて沿道に立った。<u>双方合わせて数百人規</u>
　　　<u>模の人々が集まり、</u>一部で言い争う場面もあった。（下線、引用者）

　<u>上述</u>のように、「双方合わせて数百人規模」のうち、ヘイトデモ側の参加者は 1 〜 2 割だったというのが「事実」です。確かに、ヘイトデモとカウンターデモの参加者数の比率が 2：8 であっても、「双方合わせて数百人」という記述は、文法的には、正しいと言えます。しかし、「双方合わせて数百人」という記述から通常受ける印象は、ヘイトデモとカウンターデモの参加者数はほぼ同じだったということです。

　これには理由があります。哲学者グライスが指摘した「会話の公理(Maxim)」の中の「量の公理」(「聞き手に過不足のない情報を与えよ」Grice 1975)、および、2 つのデモは人数の上でほぼ同じぐらいだろうという「常識」から、読み手は、明示的にそうした解釈がキャンセルされない限り、そうした解釈に「誘導」されるからです。したがって、そうした解釈をさせな

いためには、「双方合わせて数百人」ということだけではなく、「ヘイトデモ側の参加者はその 1 〜 2 割だった」ということを合わせて書き、そうした解釈を明示的にキャンセルしなければなりません。

　しかし、実際には、朝日新聞の記事はその作業を怠たりました。その報道姿勢を云々するのがここでの本題ではないので、その点は論じませんが（この点について詳しくは、注 5 の文章を参照していただきたいと思います）、この朝日新聞の記事は、厳しく言えば、事実の「ねつ造」（少なくとも、「歪曲」）に当たることは確かでしょう。

　このように、「数字」は意図的に利用することで、事実の隠蔽を容易に可能にします。しかも、情報を受け取る側がよほど注意しない限り、その「隠された意図」を読み取ることは難しいのです。

　この点について、さらに次の例を考えてみましょう。手元に 1000 円あるという「事実」は、次の 3 つの表現で言い表すことができます。

（4）　手元に 1000 円ある。
（5）　手元に 1000 円<u>も</u>ある。
（6）　手元に 1000 円<u>しか</u>ない。

　このうち、（4）は客観的な表現ですが、（5）と（6）は主観的な表現です（仁田 1997）。同じ「事実」をこのように異なる形で伝えられることは、一方では、日本語の表現を豊かにするものでもありますが、他方、このことを利用して、事実を歪曲することもできるということでもあります。

　同様の例ですが、一方の数字だけを挙げるということも「誘導性」を持っていると言えるでしょう。例えば、A と B という 2 人の候補の選挙演説会があり、A の演説会には 500 人、B の演説会には 2000 人が集まったとします。このとき、「A 候補の演説会には ¦500 人の／ 500 人もの¦ 聴衆が集まった。」とだけ報道したとすれば、それも、A を利する一種の「誘導」になります（この場合は、「500 人の」という例文（4）に相当する中立的な表現を使っても誘導性は生じます）。

このように、「数字」は恐ろしいものです。ですから、メディア・リテラシーの中には、こうした数字に惑わされないという能力も含まれます。質的な面からだけではなく、定量的観点からも批判的談話研究を行うことの意味はまさにここにあると言えるのです。

6. 言語研究者・言語教育者が批判的談話研究を行うことの意味

ここまでで、批判的談話研究を行うことによって社会の諸問題について考え、社会変革に結びつけていくことができることを理解していただけたと思います。しかし、具体的には何に着目してどう分析していくのでしょうか。また、なぜそれを言語研究者や言語教育者が行うのでしょうか。本節ではそのことを考えてみましょう。

批判的談話研究（CDS あるいは CDA）にはいくつかの代表的なアプローチがありますが、どのアプローチにも「批判」「イデオロギー」「権力」という 3 つの概念があり、さらにどのアプローチにも三角法（triangulation）という視点が共通しています。これは単に言語面のみを見るのではなく、その裏にある歴史や社会状況を考慮に入れるべきだという主張です。

まず、言語を批判的に見るとはどのようなことかを考えてみます。「批判」は、文学や思想など分野によって異なった定義がなされますが、CDS の中の 1 つのアプローチである「談話の歴史的アプローチ Discourse Historical Approach（DHA）」を提案する Wodak（2001）や Reisigl and Wodak（2009, 2016）は批判的談話分析における「批判」の定義を次のように記述しています。

批判とは、規範という観点から、人間やモノ、人間の行為、社会制度などを調査、査定し評価することである。［中略］それ（訳注＝批判）を社会に対して向ける社会批判は欠点や矛盾を診断するという目的のために、理想的基準あるいは現状に代わるものを視座にすえて、政治や社会

の現状を査定してきた。そうした意味で、批判は抵抗と一体化している といえる」(Reisigl and Wodak 2016: 24)

このように、談話分析における批判は常に社会と関わりをもち、「規範」 である「理想的基準」あるいは「現状に代わるもの」を尺度に、社会のさ まざまな事象を査定して、ときには提言し警告を発するのです。
　この社会批判は具体的にはどのようなものでしょうか。3つの場合を考え ることができます。

①新聞記事や政府高官の談話などに一貫性があるか、自己矛盾がない か、あるいは以前と比べて主張に変化がないかといった点をみる「テ クストや談話そのものに対する批判」。
②さまざまな談話実践、つまり個人の話やメディア報道などに、聞く 人・読む人などを誘導するような操作がないかをみる「社会診断的批 判」。
③コミュニケーションの改善を模索する「予知的批判」。例えば差別用 語のガイドラインの作成や学校・病院などでの言葉の壁を取り払うた めの批判。
　(Reisigl and Wodak 2016: 25)

社会批判はこのように現状を分析して批判することにより、よりよき将来 を志向するツールとなりうると考えられます。
　では具体的には、個人の談話やメディア報道の言葉のどのような点を見る のでしょうか。Wodak (2001)、Reisigl and Wodak (2009, 2016) の方法論を実 際の例に当てはめてみます(詳しくは本書の「第3章」(神田担当章)を参照 してください)。
　例えば死刑廃止論者の政治家がある講演をし、それが大々的に新聞に取り 上げられたとします。彼は講演のなかで人権や冤罪などを話題として取り上 げました。次にこの記事を読んで賛同した人たちが新聞投稿やブログなどで

賛成意見を述べ、それが反響を呼んで死刑廃止論が盛り上がったとします。しかしこれを見て別の人たちは「被害者の生命権、社会契約違反としての懲罰」といった話題で死刑存続に肯定的な意見を述べ、世論は二分されることになりました。

　DHA ではこのような言語活動を次のように捉えています。まず、この政治家を取り上げた 1 つの記事やブログをテクスト（text）と呼びます。そのテクストを掲載し伝える際の伝達の形態、たとえば記事やインタビューといった伝達の形態をジャンル（genre）と呼び、テクストで取り上げられる話題をディスコース・トピック（discourse topic）と呼びます。そして、さまざまなジャンルでさまざまな人から発せられたテクストは、時間的、空間的に相互に関連し、影響しあって 1 つあるいは複数の大きな言説（discourse）を作り上げると考えるのです。世論を形成するのは、元をたどれば一個人の発話かもしれないというところに、社会における言語の大きな役割をみることができます。しかし、ある言説の全体は一人の分析者が言語学的に分析するには手に負えないほど広汎なものですが、あるテクストを選び詳細に見ていくことは個人でもでき、そこに使われている言葉や表現の背景が見えてきて、話し手・書き手の思考や思惑が透けてみえてくるのです。

　ではテクストのどこを見ればよいのでしょうか。Wodak（2001）、Reisigl and Wodak（2009, 2016）は、次の 5 つの方策（ストラテジー）をあげています。原著で挙げられている例は、分析対象となった記事中のオーストリアの固有名詞などですが、ここではわかりやすいように日本の場合に置き換えてみました。

①ある事物が書き手によってどう呼ばれているかという「指名ストラテジー」
　例えば「原発」を「トイレなきマンション」と呼べば、それは使用済み核燃料の処理が解決していない状況に焦点を合わせた原発に対する否定的評価となります。
②ある事物や事象がどのように描写されているかという「叙述ストラテ

ジー」

例えば「原発ゼロは無責任である」と書けば、それに対する否定的評価となります。

③どのような論拠を用いて議論されているかという「論証ストラテジー」
正しい論証方法を用いているか、虚偽の論証を行っているかということです。詳しくは後述します。

④どのような立場から述べられているかという「観点化ストラテジー」
発話者自身の見聞や主張であるか、あるいは伝聞情報であるかということです。

⑤主張がどのように強調・緩和されているかという「強調・緩和ストラテジー」
強意表現を用いた強調か、あるいは婉曲表現による緩和かといったことです。

3番目の「論証ストラテジー」をやや詳しく説明します。これは弁証法にのっとるもので、論証の根拠となる「トポス（topoi）」という概念と、虚偽という意味の「ファラシー（fallacy）」という概念を用います。後者についてReisigl and Wodak（2001: 71–80）は言語学的に解釈しなおして「語用論的ファラシー」と名付け、数多くのファラシーを挙げています。ここでは代表的な4つに絞り、例も日本の場合に即したものに置き換えて紹介します。

①「個人に訴える論証」とは、ある人の言説を論駁する際、その人の性行や個人的事情に訴える虚偽の論証で、当該の論点の是非ではなく、その人の人格や性格に対して言語による攻撃を加えることです。一般的に人はたとえ捏造されたものであれ、スキャンダルに弱いという性質があります。

②「憐れみに訴える論証」は、相手の同情心に訴える論法です。原発事故避難者が故郷を離れる悲しさは同情すべきことですが、それを理由に線量の高い土地への帰還を促すのは的外れといったことです。

③「大衆に訴える論証」とは、群衆心理を利用して扇情的な言辞を弄して大衆を感激させたりあるいは憎悪させたりすることによって、論者に都合のよい思想を知らず知らずのうちに信じ込ませる論法です。実態のよくわからない「勁く美しい国」といった政治的アジテーションや耳当たりのよいキャッチ・フレーズの多くはこれに該当します。

④「代表的ではない量的サンプルを基礎にした一般化」というのは、例えば「原発は安価である」とする説です。つまりランニングコストだけをみると安価だが、安全対策や事故補償などの総経費は膨大な額になることを計算に入れていないので、このファラシーに該当します。また、わずか数人の例を引いて「この法案に賛成する学者はたくさんいる」などというのもこれに当たるでしょう。

　以上のほか、権威あるとされる大学教授や専門家の意見を鵜呑みにさせる「権威に訴えるファラシー」や「誤った前提を出発点とする論証」などいくつかのファラシーがありますが、こうしたファラシーは日常の会話でもよく使われています。

　最後に、先に述べた「理想的基準」に通じるトポスについて述べましょう。トポスとは、論拠と結論を結びつける理由づけと考えられます。例えば、「生命権のトポス」を考えると、廃止論者は「被告であろうと人が人の命を奪うことはできない」ことを論拠に廃止を主張し、存続論者は「被害者の奪われた生命権に対する応報」を主張します。それぞれの主張は、「社会契約」や「犯罪抑止力」といった別のさまざまなトポスを使って展開されますが、論争の優劣はどのトポスを優先するかによって決まることがあり、そこに判定する人の倫理観が現れてくるのです。こうしたことからも批判をするためには単に選択された語句や表現だけでなく、その裏にある論証にも目を向ける必要性があります。

　このように Wodak らの提案する DHA は、テクストに現れた語句や表現といった言語形式だけではなく、そうしたテクストに至った経緯、社会的状況や歴史的背景といったコンテクストや話し手・書き手の立ち位置などを分

析に加えることを求めています。巷にあふれる文章や発話は、何も意識せず
に読んだり聞いたりするとなるほどと思わせるものがありますが、その言葉
の背景にある知識をもっていれば、あるいはその発話をした人がどのような
人かを知っていれば、必ずしも鵜呑みにできることではないことに気付くと
思います。Reisigl and Wodak（2016: 24）が、批判は「真実の追及、特定の価
値観や倫理観、適切なテクストの解釈、自省、啓発と解放、社会変化の特定
の側面、生態の保護、美的志向などとも関連する」と述べる意味が理解され
ることでしょう。

　最後に彼らは批判の実践として以下のように述べています。

　　　「批判的」な立場を固守するということは、データに密着すること、
　　　データを社会状況に埋め込むこと、談話参与者の立ち位置を明確にする
　　　こと、そして分析者は研究に携わりつつ常に自省をすることと理解され
　　　るべきである。さらに研究の結果は、それが教師、医者、官僚のセミ
　　　ナーであれ、教科書であれ、実際に応用されるべきものだと理解してい
　　　る。(Reisigl and Wodak 2016: 24)

　つまり批判的な立場をとる分析者は、象牙の塔に閉じこもっていてはいけ
ないという戒めなのです。そしてなによりも、批判的談話研究が主な分析対
象とする「ことばとその周辺」は、言語研究者や言語教育者が、学問的にも
教育的にも職業的にも、日々の活動の中で密接な関係をもっているもので
す。ここにこそ、言語研究者・言語教育者が批判的談話研究を行う意味があ
ると言えるでしょう。このことは本書の執筆者にとっても言えることです。
本書は批判的談話研究の実践の１つなのです。

7.　まとめとして

　以上、「ことばとその周辺」を批判的に分析することの意義を確認し、批
判的談話研究についての理解を深め、文化発信や教育現場などの個別テーマ

を取り上げ、そこで批判的談話研究がいかに機能するかを見てきました。また、質的な研究だけではなく、量的な研究も批判的談話研究において重要なアプローチであることも確認をしました。そして最後に、批判的談話研究においてどのようなところにどのような観点で批判の目を向けるのかについて1つの具体的な例を確認し、そのような研究は、「ことばとその周辺」を研究するという点において、言語研究者や言語教育者だからこそ貢献しうるものであるということを述べました。

　歴史的に見れば、社会の発展は批判的な実践がなければ達成し得なかったはずです。現状を無批判に受け入れていれば、問題意識も生まれず、改善の取り組みもなく、なんら変化は生じないからです。私たちが批判的なリテラシーを放棄したり軽視したりすることは、自分自身の世界に閉じこもり、思考停止して生きることに等しいと言えるでしょう。それは言語研究者・言語教育者をはじめとする、あらゆる分野の研究者・教育者に言えることです。6節の最後で「批判的な立場をとる分析者は、象牙の塔に閉じこもっていてはいけない」ということを書きましたが、そこでいう「象牙の塔に閉じこもる」には2つの意味があると考えられます。1つは自分の専門分野に閉じこもるということであり、もう1つは研究・教育の世界に閉じこもるということです。私たちは、今まで以上に学際的な取り組みを実践し、研究・教育の世界を飛び出して、もっと社会と主体的に関わり、社会の変革に寄与していくべきです。批判的談話研究はそのための道標や道具となるでしょう。本書が読者の皆様のよき道標・よき道具となることを願ってやみません。

注

1　首相官邸ホームページ。下記リンク先の4章II節4「日本の魅力を戦略的に発信する」の(1)にある「日本の魅力を再評価する」のi)に、「2005年度も引き続き、日本の魅力について国民の理解の向上を図るため、我が国の伝統や文化の理解向上に関する教育を充実する。（文部科学省）」との記述があります。
〈http://www.kantei.go.jp/jp/singi/titeki2/kettei/050610.html〉（2016.8.10 リンク確認）

2　経済産業省ホームページ、『通商白書2012』「4章第2節2. 我が国の魅力を活かし

たクール・ジャパン戦略」
〈http://www.meti.go.jp/report/tsuhaku2012/2012honbun/html/i4220000.html〉
(2016.8.10 リンク確認)

3　クールジャパン機構(株式会社海外需要開拓支援機構)ホームページ、「クールジャパン機構とは」〈https://www.cj-fund.co.jp/about/cjfund.html〉(2016.8.10 リンク確認)

4　朝日新聞デジタル「テレビ報道、強まる同調圧力　金平キャスターが語るいま」〈http://www.asahi.com/articles/ASJ390GWWJ38UTIL06L.html?iref=com_rnavi_srank〉(2016.8.10 リンク確認)

5　現代ビジネスホームページ、魚住昭「銀座で起きたヘイトデモ、"中立"を装う「朝日新聞」はこう報じた　こんな報道に意味があるのか？」〈http://gendai.ismedia.jp/articles/-/48290〉(2016.8.10 リンク確認)

6　朝日新聞デジタル「ヘイトスピーチ行進に無言で抗議　銀座」、〈http://digital.asahi.com/articles/ASJ365G1LJ36ULZU002.html〉(2016.8.10 リンク確認)

参考文献

庵功雄(2015)「新聞における原発関連語の使用頻度」名嶋義直・神田靖子編『3.11 原発事故後の公共メディアの言説を考える』ひつじ書房、pp.139–155

中山元(1996)『フーコー入門』筑摩書房

仁田義雄(1997)「第 5 章　数量に関する取り立て表現をめぐって」『日本語文法研究序説』くろしお出版、pp.86–106

野呂香代子(2014)「批判的談話分析」渡辺学・山下仁編『講座ドイツ言語学　第 3 巻』ひつじ書房、pp.133–161

ミシェル・フーコー著、小林康夫・石田英敬・松浦寿輝編(2006)『フーコーコレクション　フーコーガイドブック』筑摩書房

Fairclough, N. (1992) *Discourse and social change*. Cambridge: Polity Press.

Fairclough, N. (2005) 'Peripheral vision: discourse analysis in organization studies: the case for critical realism'. *Organization studies*, 26, pp.915–939.

Grice, H. P. (1975) 'Logic and conversation'. In Cole, P. and Morgan, J. (eds.) *Syntax and Semantics 3: Speech Acts.*, Academic Press. pp.113–128

Reisigl, M. and Wodak, R. (2001) *Discourse and Discrimination. Rhetorics of Racism and Antisemitism*. London: Routledge.

Reisigl, M. and Wodak, R. (2009) 'The Discourse-Historical Approach (DHA)'. In: R. Wodak and M. Meyer (eds.) *Methods of Critical Discourse Analysis* 2nd edition. SAGE. pp.87–121

Reisigl, M. and Wodak, R. (2016) 'The Discourse-Historical Approach (DHA)'. In: R. Wodak and M. Meyer (eds.) *Methods of Critical Discourse Studies* 3rd edition. SAGE. pp.23–61

Wodak, R. and Meyer, M. (2016) 'Critical discourse studies: history, agenda, theory and methodology'. In: R. Wodak and M. Meyer (eds.) *Methods of Critical Discourse Studies* 3rd edition. SAGE. pp.1–22

Wodak, R. (2001) 'The discourse-historical approach.' In: R. Wodak and M. Meyer (eds.) *Methods of Critical Discourse Analysis*. SAGE. pp.63–94

平和と脱原発を考えるための
メディア・リテラシー

今村和宏

1. はじめに

　2015年3月22日は、マスメディアにとって、特別な日でした。それは、NHKの前身の東京放送局が90年前にラジオ放送を始めた日です。本章はそうした日に開催されたシンポジウムでの講演をもとにしています。

　ラジオは、古くて地味でも注目のメディアです。私は20代から13年間、ヨーロッパで生活していた間は、ラジオをよく聞いていました。テレビよりもラジオのほうが質の高い番組があったからです。最近は、ぼけ防止になるとか、災害ラジオで力を発揮するとかのメリットも注目されますが、ラジオには何より想像力をかき立てる点があるほか、テレビと違って、映像などのインパクトに頼れないことから、中身で勝負するため、さまざまな工夫が凝らされていることなどが評価できます。

　しかも、ラジオは権力者側からはノーマークになりやすいため、ラジオの出演者は、比較的自由に政府批判、権力者批判ができます。いわゆる社会の流れや世論に反する、一種過激な意見も表明しやすい。また、問題をとことん深堀りする地味な内容も放送しやすい。その意味で、ラジオは多様な情報や論点が入手できるメディアです。これはメディア・リテラシーの1つの観点です。

　もう1つの観点を見てみましょう。日本では、デモのイメージがよくありません。デモというのは、60年安保、70年安保の悪印象のせいか、何か暴力的なイメージがある。現代のデモの場合、実際にはそういった暴力的な

面は非常に稀ですが、今でもデモのイメージは、過激なもの、過度に批判的なもの、空気の読めない人間がやるものというものです。それがメディアでの取り上げ方と大きく関係していないだろうかと考えるのもメディア・リテラシーの観点です。

　本章の目的は、平和と脱原発について考えるために必要なメディア・リテラシーのさまざまな観点を具体例に即して確認することです。

　方法としては、最後に挙げてあるような文献を参考にして論点をまとめるほか、朝日新聞2人、東京新聞1人と日本経済新聞2人の計5人の記者に聞き取り調査をした結果と、私自身のメディアとのかかわりの中の経験を照合して、整理・分析するということで進めます。

2.　メディア・リテラシーの基本的な考え方

　メディア・リテラシーとは、一般にメディアが伝える情報やメッセージを受け手が主体的、批判的に読み取る意識、技術、能力を指します。それに加え、受け手がメディアに働きかけたり、自分がメディアを駆使して社会に働きかけたりする能力を含めるという考え方もあります[1]。

　人は、特別に意識しない限り、メディアから流される情報やメッセージから、さまざまな影響を受けてしまいます。ここで、「意識しない限り」というのがポイントで、意識しなければそれに流されてしまいますが、意識しさえすれば、自分を防衛する様々な手段があり得るというのがメディア・リテラシーの基本的な考え方です。

3.　メディアから受ける影響

　メディアから受ける影響には、さまざまなものがあります。まず、ある事実を過大評価させられたり、過小評価させられたりします。これは数字のことだけではなくて、様々な表現、価値判断を含むような表現によって私たちの考え方がある方向に向けられるという面があるということです。全体の文

脈から切り離された情報提示により誤った印象を受けることもよくあります。さらに、どんなに重要な情報でも、メディアが取り上げなければ世の中に存在しないことになる。この影響も無視できません。

　時々、インターネットラジオを聞いたり、ネットの新聞を読んだりすると、日本で報道されていない日本国内の事実が海外で大きく取り上げられたりすることに気づきます。福島の原発事故後の様々な情報というのはまさにその一例でした。もちろん、外国では、誤った情報もたくさん流れていて、玉石混合ですから、外国のものだからというだけで信じてしまうのは危険です。しかし、原発事故直後の放射能汚染の拡散予測システム（SPEEDI）のデータがドイツのシュピーゲル誌にスクープされて世界中に広まった例のように、日本で全く取り上げられないものが海外で取り上げられるのは、やはり押さえておく必要があるのでないかと思います。そのようにして、ある事実が伝えられないことで世論が一定の方向に誘導されるということは一番怖いことです。

4. 現実を切り取り、再構成する際の取捨選択を左右する要素

　そもそも、メディアが伝えるのは、現実そのものでしょうか。けっしてそうではありません。現実の一部を切り取って再構成したものです。そのことをしっかり意識する必要があります。切り取るに当たってはさまざまな取捨選択を也ざるを得ません。では、どのように取捨選択をするのかと言えば、次表のように様々な要素が考えられます[2]。

4.1　社是、外部権力からの圧力、自主規制

　まず、メディア企業のイデオロギー、あるいはよく言われる社是、イデオロギー的な意味での会社の方針です。これについて、実際に現場の記者に話を聞いてみると、必ずしも見方が一致しません。はっきりした社是などないという考えがあるかと思えば、社是の存在を歴然と感じることがあるという

取捨選択を左右する要素

- ・会社のイデオロギー（社是）
- ・外部権力からの圧力、自主規制
- ・商業的な判断
- ・読者層、視聴者層、地域性
- ・媒体の持つ特性
- ・記者の興味、主観
- ・予算、時間、字数の制約
- ・わかりやすさ
- ・掲載場所（放送時間帯）
- ・記者とデスクの力関係
- ・整理部の判断
- ・「世論」（世の中の空気）

証言もあります。それについては、後ほど、社是の拘束力のところで詳しく見たいと思います。

次に記事を仕立てるに当たり、取捨選択を左右する大きな要素として、外部権力の圧力が考えられます。しかし、実際は、外部権力から具体的な圧力がかかる前に、自主規制している場合が多いという話をよく聞きます。本当に圧力をかけられたから記事や番組が変質しているというよりは、こういうことをこのように扱ったら圧力をかけられるかもしれないと忖度して自粛してしまう。圧力をかけられる恐怖を感じてならまだしも、怖いというところまでもいかず、「面倒くさい」というだけの理由で控えてしまう。後で文句を言われたらわずらわしいからやめておくというのが自主規制の典型で、それが、外部からの圧力よりも大きい、ということをいろいろな記者から聞きます。そうだとすれば、メディアに携わる人たちの姿勢次第で改善の余地があるとも考えられます。

4.2　商業的な判断、読者層（視聴者層）、地域性、媒体の特性

「商業的な判断」も重要です。NHKの場合はちょっと違いますが、民間放送、新聞、雑誌などの場合は、売れるか売れないか、広告がとれるかどうかは死活問題です。とすれば、権力におもねるだけではなくて、視聴者や読

者の興味や嗜好、さらには広告主の意向を強く意識して、それに合わせるという部分も含めて商業的な判断があるといえると思います。どのような文章でもそうですが、具体的にどのような読者層を想定するかによって、題材の選び方も記事の書き方も変わってきます。

また、地域性もあります。例えば2015年3月22日付の、東北地方の地元紙である河北新報の1面の記事は、全国紙とは全く違いました。一面のトップを飾っていたのは、震災後ずっと不通だった石巻線が復活したというニュースでした。それは、地元にとっての重要度を考えれば当然で、明らかに地域性を反映したものといえます。それを東京で載せたとしても、誰も見ないでしょうし、苦情が入るかもしれません。それがまさに地域性です。

次に、媒体の持つ特性です。それは、例えば映像メディアなのか、あるいは音だけのラジオのようなメディアなのか、あるいは紙媒体なのかです。その特性によって、記事の扱い方、表現の仕方、切り取るときの切り口が違ってくるというのは容易に想像できるでしょう。

4.3　記者の興味、予算、時間の制約、わかりやすさ

記者の個人的な興味や思い入れも大きいことが聞き取り調査からわかりました。もちろん社是をはじめ、これまで見てきた要因で取り上げるべき記事はだいたい決まるものですが、よほどの駆け出し記者でない限り、自分の興味、関心で記事がつくりたい、伝えたいという強い欲求が出てくるそうです。ですから、それぞれの記者、ジャーナリストたちの興味、関心、主観というのが取捨選択のときに効いてくるわけです。

さらに、予算、時間、字数の制約も無視できません。これは内部の人間でない限りあまり考えないのではないでしょうか。ここでの予算は、1つの記事や番組に費やせるお金です。その額によって、どれだけ深く調査できるかが決まります。あと時間もあります。時間制約というのが、ジャーナリストにとっては非常に大きいのです。私たち研究者や教育者も、原稿の締め切りに責め立てられますが、最悪、論文を取り下げるという選択肢もあります。しかし、時間がなくてまとめられなかったという言いわけは、記者には絶対

に許されません。締め切りが分単位で決まっていることがふつうで、本当に大きな問題であっても、あしたの何時までに記事をまとめなければいけないというデッドラインが厳しく設定されてしまいます。そうなると、いくら誠実な意図があっても全てをやることはできません。時間内にできる部分を選択して、それでストーリーをつくって記事にする、あるいは番組をつくるしかありません。逆に、書くべき材料がたくさんストックされ、時間があったとしても、字数に制限があるために、多面的な扱いができず、説明を省略するしかない場合もあります。そのようなとき、記者は非常に悔しい思いをするそうです。

　そして、わかりやすさも取捨選択を左右します。日本語教育の分野でも、わかりやすく説明できない教師は失格と言われますが、記者も同じでしょう。ですが、わかりやすく書くためといっても、もともと複数の要素が絡み合っている複雑な内容を単純化しすぎれば、一見わかりやすくても、事実を正しく記述するところからかけ離れてしまう危険もあるので、注意が必要でしょう。

4.4　掲載場所（放送時間帯）

　取捨選択には、どの紙面か、どの時間帯かということも関係します。新聞の場合は1面トップが花形扱いされます。しかし、トップでなくても1面の記事はその日の大事なものです。2面、3面あたり（ときに4、5面ぐらいまで）は、昔だったら政治面、今は「総合」と呼ばれます。「総合」とは、第一に政治的なものですが、広範な関心を集めそうなものであれば、経済や社会のことも扱います。ただし、「総合」は紙幅が限られているので、本当に大きな記事の場合には、例えば社会のことなら最初に4分の1か5分の1ページ分だけそこで扱って、あとは6面とか社会面に続くとかの形をとります。いずれにしても1面はその新聞社の顔になる部分ですから、かなり力を入れて書いています。同じ1つの事件であったとしても、社会面に載る場合と経済面に載る場合と総合面に載る場合では、書き方（焦点の当て方）が違ってきます。テレビなどの場合でも、いわゆるゴールデンタイムで流さ

れるのか、夜の遅い時間なのか、あるいは主婦や高齢者が在宅の昼間の時間なのかによって、選択の仕方が変わりますし、同じニュースでも、切り口が違ってくるのは容易に想像できるでしょう。そうした違いを意識すれば、主体的で批判的な読解や視聴ができるようになる、というのがメディア・リテラシーの重要なポイントです。

4.5 社是の拘束力：産経新聞と東京新聞ではどちらが自由か

社是は、それが存在するかどうかだけでなく、その拘束力を考えなくてはなりません。なぜなら、拘束力は、会社によって異なるからです。筆者のように、平和や脱原発を突き詰めて考える立場からすると、意見を異にする記事が多く載っている産経新聞は、筆者とは反対の社是があるように思えます。ところが、その社是が記者一人ひとりを強く縛っているかというと、それほどでもないというのです。現場の記者が書きたいものがあれば、それは書ける。ただし、一面トップなどではなく、後ろのほうの比較的軽い扱いのページなら、記者が書きたいことは比較的自由に書けると言います。例えば原発関連だったら、産経新聞には脱原発的な記事はまずないだろうという一般の見方に反して、実際にはそうした事例を見つけることはできます。

原子力規制委員会で活断層問題が最初に取りざたされたときのことです。原発直下に活断層があったら絶対稼働できないということで、その最初のケースになったのが、敦賀原発でした。調査団が現地調査を実施した記事が、各紙の一面記事になりました。たまたま旅館にいて、いろいろな新聞があったので全部読み比べてみました。産経新聞では予想通り、活断層でない可能性が高いという意見が引用されて、再稼働認可の可能性を示唆する流れになっていました。朝日や毎日では、活断層である可能性が高いという意見が目立つように書いてあり、読売と日経は、活断層とする意見もそうでないとする意見も半々でした。産経は一面を読めば、明らかに活断層ではないという印象を受けます。ところが、社会面の右ページの下あたりの小さな記事で「明らかにこれは活断層のおそれが高い」と言っている委員の発言が引用されており、慎重な検討を求めているのです。

つまり、ある新聞とかメディアの方向性を理解した上で、その中でも、ある場所には社是に沿ったものが出てくるが、別の場所には、社是に反する意見があるかもしれない。そうした構造的な理解が深まれば、どのようなメディアを読んでいても、ある程度自分にとってバランスのとれた幅のある情報を入手することが可能になると考えられます。

　社是の拘束力で考えると、東京新聞はあまり自由とは言えない面があるようです。実際、聞き取り調査をした東京新聞の記者自身は、産経より記者個人の自由が少ないと言っていたのです。東京新聞は、脱原発、平和、と社是がはっきりしています。そうなると、現場の記者が立場を明らかにせず、一種中立的で穏やかな記事を書こうとすると、それはだめだと言われます。もっと鋭い切り口でインパクトのある記事を書けと促されます。そうでないものはつまらないから載せられないと言われた記者は、当然ながら気落ちします。文章力がないから載らないなら諦めがつきます。しかし、入念に取材して、適切なバランスだと思って書いた記事が社是に合った立場が明らかに示されていないというだけで、どこにも載せられないとしたら、記者の意欲は削がれます。このように、東京新聞のほうが産経新聞より社是の拘束力が強く自由がないとも言えそうです。

4.6　社内の力関係

　記者とデスクの力関係も取捨選択に影響を及ぼします。デスクというのは編集の幾分上のほう、いわゆる中堅です。デスクがイエスと言うかノーと言うかによって、記事ができるかできないかが決まるという意味では、非常に大きな力を持っているわけですが、会社上層部がどのような意向であるかということに敏感です。デスクがそれを忖度して、先読みして、自主規制をしてしまった場合には、現場の記者が書きたいことは潰される恐れが出てきます。逆に、デスクが自信をもって上をはねのけるような力があれば、社是というのはあまり効かずに、現場の記者が書きたいことを何でも書けるという状況が生まれます。つまり、デスク次第という面があるわけです。

　デスクよりも力を持っているのは整理部というところです。整理部は、集

まってきた記事をページのどこに配置していくか、ページ全体のレイアウトを決める部署です。この部署は、タイトルについていろいろ意見を言ったりします。内容についても時々修正を求めます。それをデスクに戻して、デスクと現場の記者との間でいろいろやりとりをするということです。そこの力関係や個人的な関係によっても違ってくる部分もありますが、整理部の判断はやはり大きいという話です。

4.7 「世論」(「世の中の空気」)

「世論」とか「世の中の空気」はきわめて重要です。メディアはやはりこれを読んで行動します。たしかにメディアが世論を作っている面もありますが、自分たちでそれを作っている間に、結局それにメディア自身が縛られてしまうということも起こります。それは恐ろしいことだと思います。ある意味、自分たちが加担してできたものから、自分たちが望まない形で縛られるようになってしまう。非常に矛盾していて、誰もがおかしいと思うようなことだとしても、実際にそれが進んでしまうことがあるということです。

たとえば、2016 年 2 月 8 日の全国紙は軒並み「北朝鮮　ミサイル発射」という大見出しが 1 面トップを飾りました。まるで判を押したように一字一句同じタイトルに一種の異様さが感じられました。これは、数日前から、北朝鮮が予告していた「人工衛星発射」が前日の 7 日にとうとう実施されたことを伝えるものでしたが、この時点では、ミサイルなのか人工衛星なのかは未確認でした。もちろん、日本政府や米国政府は「ミサイルである可能性が濃厚」と発表していたため、新聞各紙の大見出しに違和感を持たなくても不思議ではありません。しかし、海外の報道を見てみると、日本のように「missile launch」と言い切る見出しより、人工衛星でもミサイルでもありえる「rocket launch」という見出しのほうが多く、日本のメディアが北朝鮮の脅威を煽っている面が否定できません。

さらに、ほどなくその物体が衛星軌道に載ったことが判明してからは、日本以外では「missile launch」という記述は鳴りを潜めましたが、日本だけは、政府発表の「事実上のミサイル」という非常に奇妙な記述が、ミサイル

技術にも転用可能だという理由でメディアでも頻繁に使われるようになりました。このように、日本以外ではジョークとしてしか通じない表現がいわゆる「市民権」を得てしまうところに、「世の中の空気」の影響力の大きさを感じます。北朝鮮が恐ろしい国でその軍事的な脅威が否定しがたい「定説」として存在するがゆえに、その脅威を否定する報道が避けられるだけでなく、それをことさらに強調する報道が好まれている。そのような解釈が成り立つとしたら、重大なことです。

　以上のように、それぞれのジャーナリストが具体的にどのような制約を受けながら1つの記事や番組を作り上げているのかを知ることは重要です。現実を切り取って再構成するにあたって、多種多様な取捨選択が行われる仕組みが理解できると、現実をそのまま映し出す「中立公正な客観報道」が幻想であるということとともに、同じメディアの中にも一定の多様性があるということがわかります。

5.　同一メディア内の多様性

　多様性の事例として、NHKを見てみましょう。同じNHKでも、テレビとラジオは違うという面があります。たとえば、NHKラジオの午後5時台、6時台の「私も一言夕方ニュース」[3] は、じつにおもしろいです。とかく政府寄りだと言われるNHKですが、この時間帯のNHKラジオを聴く限り、そのようなことはありません。政府の政策に批判的な材料も十分提供していて、非常にバランスがとれています。批判的な解説者を呼ぶだけでなく、テレビではなかなか聞けないような情報や論点などが聞け、番組のつくりも堅実です。

　同じテレビでも、総合なのかETV（教育テレビ）なのか、あるいはBSなのかによってもかなり違います。「ネットワークで作る放射能汚染地図」など、福島原発事故後のETVの報道は圧巻でした。バンに機材を積み、科学者、カメラマンとともに事故後3日目には現地入りし、放射線量をくまなく観測して地図を作り上げました。その様子を2ヵ月後に放映すると、大

きな反響を呼び、ETV のみならず、総合テレビでも再放送されることになりました。

　同じ総合テレビでも時間帯で異なります。ゴールデンタイムの7時や9時のニュースでは、政府に批判的な指摘はわずかです。一方、深夜の「時論公論」は違います。様々なデータや事実を手堅く分析しながら、冷静に論を進め、政府など権力側に都合の悪い論点も堂々と提示するので、見応えがあります。そうした違いを意識すれば、主体的な視聴ができるようになるのは明らかです。

6.　主体的・批判的に読み解くための指針

　まさに、主体的に、批判的にメディアを読み解くということが、メディア・リテラシーでは、一番のテーマになります。以下では、そのときの指針になるポイントを整理しておきたいと思います。

①価値評価を含むことばに気を付ける。
②事実の記述、分析、主張を切り分ける。
③数字やデータによる騙しのテクニックを見抜く。
④想像力を持って情報を読む。
⑤疑問を持つ、あまのじゃくになる。
⑥つながりを考える、大きな文脈を意識する。(同じメディアの他の紙面、他のメディア、時系列)
⑦仮説を立て、それを確かめながら進む。
⑧単純化しすぎない。レッテルをはがす。
⑨情報を鵜呑みにせず、能動的に情報を探してみる。(「掴み取る」という意識)
⑩比較材料としてインターネットの情報を活用する。
⑪(匿名で)悪質なインターネット情報に注意する。
⑫裏をとってみる。(一次資料にあたる、現場に行く、現場の人に聞く)

⑬複数の見方を知り、自分なりに考えてみる。

⑭自分の軸足を徐々に形成しつつも絶対視しない。

⑮自分自身のバイアスを意識する。

⑯自分の反対の立場の考えを知る。

①は、本書収録の複数の論文が具体例を示していますが、本章でも１例見ておきましょう。

近年、原発を推進する側はもっぱら「原発活用」を使います。「推進」と言えば、重大なマイナス面を持つ原発を推進すること自体を目的とするニュアンスが強くなりますが、「活用」と言えば、経済や生活の改善など、他の有益な目的を実現するための手段として使う面を印象づけることができます。一方、原発に反対の立場の側は「脱原発」を使うことが多くなっています。「反対」と言えば、反対すること自体が目的化している過激な印象が前面に出ますが、「脱」と言えば、今までこだわっていた原発から抜け出して次の段階へ進むという肯定的な側面が強調できます。どちらも、プラスの価値評価を含むことばが、より広い読者へのアピールを実現するための婉曲的な表現として使用されています。これは、一種の誘導手法と解釈することが可能です。

それから、②です。事実の記述、分析、主張というものをしっかり分けているか、分けていないかは注意すべきところです。いったい主張なのか、事実記述なのかわからないような書き方をしているようなものはあまり信用できませんが、事実の記述と、分析や意見表明がはっきり分けてあるとしたら、それはおおかた信頼に値するのではないかと思います。

③の「数字やデータによる騙しのテクニックを見抜く」は重要です。そのために、難解な統計学の概念を平易なことばで解説したダレル・ハフの以下のポイントが役立ちます。

1. 誰がそう言っているのか？（統計の出所に注意）

2. どういう方法でわかったのか？（調査方法に注意）

3. 足りないデータはないか？（隠されている資料に注意）

4. 言っていることが違っていないか？（問題のすりかえに注意）

5. 意味があるか？（数字の意味づけに注意）

　具体例を見てみましょう。2015 年、安保関連法案の国会審議の最中、政府や与党議員から何度も「自衛隊機の緊急発進は 10 年前の 7 倍！」というデータが紹介され、「近年、安全保障環境が大幅に悪化している」と強調されました。発進回数のデータは間違っていません。2004 年の 141 件が 2014 年の 943 件とほぼ 7 倍です。しかし、2004 年より前のデータについて語らないのが問題です。冷戦時代の 1984 年の 944 回をピークに冷戦終結後はずっと減り続け、まさに 2004 年に底を打っていたのです。しかも、第 2 次安倍政権になった 2013 年からうなぎ上りで上昇してはじめて、冷戦時のピークに並んだという事実も重要です。そう見ていくと、安全保障環境が悪化していると主張するがため、自分の都合のいい期間のデータだけを切り取ってそれ以外を隠したのではないか（上記のダレル・ハフのポイントの 3 番）という、意図的な情報操作の疑いが濃厚になります。

　④の「想像力を持って情報を読む」とは、何かが起こったときに、その 1 つの事実だけを見るのではなくて、ほかの事実と照らし合せてみる、あるいは、その事実の背景に何があるかに考えを巡らせてみるということです。それができるかどうかが重要だと思います。④の続きで、⑤の「疑問を持つ、あまのじゃくになる」というのも批判的な姿勢の基本です。

　また、⑥の「つながりを考える、大きな文脈を意識する」ことにより、バラバラに見えていた個々の事象が大きな枠組みの中に位置づけられます。大きな流れ、様々な分野のつながり、あるいは過去から現在、未来につながる時間軸の中でのつながりなどをいろいろと考えるということです。

　さらに、⑦の「仮説を立て、それを確かめながら進む」、そして⑧の「単純化し過ぎないで、レッテルをはがす」も非常に大事なことです。誰しも思い込みはあるので、注意が必要です。⑨の「情報をうのみにせずに能動的に探してみる」は解説の必要がないでしょう。

表 1　電気事業者別・原動力別

(平成26年3月末現在/単位：kW)

事業者名	水力 発電所数	水力 最大出力	火力 汽力 発電所数	火力 汽力 最大出力	火力 ガスタービン 発電所数	火力 ガスタービン 最大出力	火力 内燃力 発電所数	火力 内燃力 最大出力	火力計 発電所数	火力計 最大出力	原子力 発電所数	原子力 最大出力	風力 発電所数	風力 最大出力	太陽光 発電所数	太陽光 最大出力	地熱 発電所数	地熱 最大出力	燃料電池 発電所数	燃料電池 最大出力	合計 発電所数	合計 最大出力
一般電気事業者																						
北海道	54	1,239,345	6	3,900,000	1	148,000	5	165,750	12	4,213,750	1	2,070,000	—	—	1	1,000	1	25,000	—	—	69	7,549,095
東北	210	2,439,781	8	10,715,000	—	1,033,800	4	82,150	12	11,830,950	2	3,274,000	—	—	2	3,500	4	223,800	—	—	230	17,772,031
東京	164	9,455,950	15	40,571,000	—	2,317,000	10	56,520	25	42,944,520	2	12,612,000	1	2,200	3	30,000	1	3,300	—	—	195	65,045,770
中部	185	5,232,000	10	24,506,040	—	—	1	400	11	24,506,440	1	3,617,000	3	5,400	2	8,500	—	—	—	—	200	33,385,940
北陸	129	1,913,180	5	4,400,000	—	—	1	288	6	4,400,288	1	1,746,000	—	—	4	4,000	—	—	—	—	143	8,068,868
関西	151	8,207,681	11	17,876,500	1	105,400	—	—	12	17,981,900	3	9,768,000	—	—	2	10,500	—	—	—	—	168	35,968,081
中国	98	2,906,225	9	7,765,000	—	—	3	35,600	12	7,800,600	1	1,280,000	1	300	1	3,000	—	—	—	—	112	11,989,825
四国	58	1,142,296	4	3,797,000	—	—	—	—	4	3,797,000	1	2,022,000	—	—	1	2,042	—	—	—	—	65	6,963,638
九州	143	3,582,546	10	10,682,000	3	3,300	31	395,550	44	11,080,850	2	5,258,000	2	3,250	2	3,000	5	210,000	—	—	197	20,137,646
9電力計	1,192	36,119,004	78	124,212,540	5	3,607,500	55	736,258	138	128,556,298	14	41,647,000	7	30,950	17	65,542	11	462,100	—	—	1,379	206,880,894
沖縄	—	—	5	1,969,000	4	291,000	13	174,250	22	2,434,250	—	—	1	490	—	—	—	—	—	—	23	2,434,740
合計	1,192	36,119,004	83	126,181,540	9	3,898,500	68	910,508	160	130,990,548	14	41,647,000	8	31,440	17	65,542	11	462,100	—	—	1,402	209,315,634
卸電気事業者																						
電源開発	58	8,556,000	7	8,374,000	—	—	—	—	7	8,374,000	—	—	—	—	—	—	1	15,000	—	—	66	16,945,000
日本原子力発電	—	—	—	—	—	—	—	—	—	—	2	2,617,000	—	—	—	—	—	—	—	—	2	2,617,000
特定電気事業者	2	1,071	3	252,060	1	27,000	1	4,000	5	283,060	—	—	—	—	—	—	—	—	—	—	7	284,131
特定規模電気事業者	—	—	6	2,042,610	1	23,700	7	187,500	14	2,253,810	—	—	1	51,000	1	1,400	—	—	—	—	16	2,306,210
事業用計	1,252	44,676,075	99	136,850,210	11	3,949,200	76	1,102,008	186	141,901,418	16	44,264,000	9	82,440	18	66,942	12	477,100	—	—	1,493	231,467,975
自家用計	446	4,255,721	777	37,513,572	416	7,200,760	1,278	4,642,412	2,471	49,356,744	—	—	265	2,563,288	778	1,492,108	3	34,900	—	—	3,963	57,702,761
総合計	1,698	48,931,796	876	174,363,782	427	11,149,960	1,354	5,744,420	2,657	191,258,162	16	44,264,000	274	2,645,728	796	1,559,050	15	512,000	—	—	5,456	289,170,736

注：
1. 自家用は、1発電所1,000kW以上の発電出力の合計である。
2. 北海道電力の汽力発電所は汽力・内燃力を併設している。本表では原動力別に出力を記載している。但し、所数は汽力に計上した。
3. 東北電力の新潟発電所、東新潟発電所、東京電力の横須賀火力発電所および関内発電所の汽力・ガスタービンを併設しており、本表では原動力別に出力を記載し、発電所数は汽力に計上した。
4. 九州電力の固定式ガスタービンについては、内燃力との併設発電所のため、発電所数はガスタービンに、出力は原動力別に計上した。

⑬から⑯に共通する自分自身の考え方を相対化する態度は、自分の考え方の幅を広げ、柔軟性を常に保つ上で不可欠であり、メディア・リテラシーのレベルを上げることにつながります。

7. 一次資料にあたる

⑫の「裏をとってみる（一次資料にあたる、現場へ行く）」の意味を以下の例で見てみましょう。

今でこそ、原発なしでも電力が足りることは常識になりましたが、2011年の原発事故以前はもちろん、事故後もしばらくは、「原発は日本の電力需要の30〜40％を担う必要不可欠な電源である」という電力会社や政府の主張をメディアはそのまま伝えていました。しかし、一次データにあたりさえすれば、当時でもその信憑性に疑問符を打つことはできたはずです。前ページの表1は、電気事業連合会がつくり資源・エネルギー庁が監修した『電気事業便覧』という統計集からの引用です。原発を推進してきた企業体の集まりの統計など信じられないと思う向きもあるかもしれませんが、法律に定められたとおりにデータをとり、集計しただけの生の資料です。

『電気事業便覧』は、写真やイラスト・グラフが皆無で、解説文すらほとんどなく、数字と表だけという、ある種、異様な本です。これを読むのは、電力業界の人や関連の技術者など、特殊な人たちだけです。しかし、そうした視覚的に地味で目立たない一次資料にこそ、宣伝物として使われる派手な資料にはない価値があるのです。このような知識もメディア・リテラシーに含まれます。

ためしに、表中の右側の原子力と書いてあるところの一番下を見てみましょう。一番下のところに44,264,000kW（約44ギガワット）と書いてあります。これは原子力の発電能力の合計です。今度は、その一番左へ移動します。総合計の上に、「自家用計」というのがあります。これは、全国の自家発電の合計のことです。ただし、ここには、大型工場などの大規模な自家発電だけで、小規模なものは含まれません。その行の一番右を見ると、58ギ

ガワット近くあります。つまり、大規模な自家発電の容量の合計だけで、日本の原発の設備容量よりもずっと大きいということです。このようなこと

表2　日本経済新聞社説（原発・エネルギー関連　2014年1月〜6月）

NO.	掲載日	見　出　し	脱原発に役立つ内容か
1	2014.01.14	シェール革命を成長につなげよう	○
2	2014.01.17	原子力防災に国の関与強めよ	△
3	2014.01.21	風力や地熱も伸ばし新産業育てる制度に	○
4	2014.01.27	電力先物が機能する環境を	○
5	2014.01.28	燃料のコスト抑え輸出競争力を高めよ	○
6	2014.02.12	核廃棄物の処分で抜本策を	△
7	2014.02.14	自由化時代の公営ガスの課題	△
8	2014.02.19	太陽光発電の持続的な拡大へ制度を正せ	○
9	2014.02.21	原子力規制委は信頼醸成にもっと留意を	×
10	2014.02.22	甘すぎる東電の汚染水対策	△
11	2014.02.28	現実を見据えぶれないエネルギー計画に	×
12	2014.03.05	電力自由化を生かす制度設計をきちんと	○
13	2014.03.15	川内原発を安全審査刷新の証しにせよ	×
14	2014.04.01	東電会長に就く数土氏の責任と課題	△
15	2014.04.04	地球温暖化のリスクから目をそらすな	△
16	2014.04.04	帰還住民の不安拭う支援を	△
17	2014.04.05	新廃炉組織は汚染水漏れを繰り返すな	△
18	2014.04.12	複眼思考でエネルギー政策進めよ	×
19	2014.04.13	電気自動車の革新に注目を	○
20	2014.04.15	CO_2削減へ議論を深めよう	△
21	2014.04.19	電力ビッグデータを生かそう	○
22	2014.04.24	電力需給に危機感をもち夏の節電継続を	×
23	2014.05.10	核廃棄物を誰が処分するのか	△
24	2014.05.23	大飯差し止め判決への疑問	×
25	2014.05.26	電力と違うガス自由化の課題	△
26	2014.06.15	電力自由化は改革の出発点だ	○

が、日本経済新聞などわずかな例外を除けば、ほとんど話題にならないのは
問題ですが、電気事業便覧という政府監修の統計冊子の表を見れば即座にわ
かるところが痛快です。こうした例からも、一次資料にあたることの大切さ
がわかるのではないでしょうか。

8.　日本経済新聞は、原発推進の立場か？

　日本経済新聞は、一般に経済界の利害を代弁するという類推から、原発推
進とのレッテルが貼られ、実際に原発推進の社説などが、脱原発派の批判の
的になったりします。しかし、実際に、日本経済新聞の社説を吟味してみる
と、そうした印象とはかなり違った現実が見えてきます。

　表 2 は、2014 年前半の関連の社説を列挙し、それぞれが脱原発に役立つ
内容かどうかを中心に評価した結果を表しています。見出しを見ただけでも
原発再稼働を後押しする姿勢が見える 11 番の「現実を見据えぶれないエネ
ルギー計画に」や 24 番の「大飯差し止め判決への疑問」などを含め 6 本の
社説は、明らかに脱原発には反するので「×」がついています。このような
社説が取り上げられれば、日本経済新聞は原発推進だと批判されるでしょ
う。しかし、それは原発・エネルギー関連の社説の一部（ここでは 23％）を
占めるにすぎず、それより多くの社説（9 本＝35％）が脱原発に資する論点を
いくつも提示していることが重要です。

　1 番の「シェール革命を成長につなげよう」と 5 番の「燃料のコスト抑え
輸出競争力を高めよ」は、火力発電のコストを大きく下げる余地があること
を指摘し、19 番の「電気自動車の単新に注目を」と 21 番の「電力ビッグ
データを生かそう」は、電力の効率的利用で電力需要を大きく減らせると訴
えています。つまり、脱原発へのハードルが高くないことを事実やデータで
示しています。また、3 番の「風力や地熱も伸ばし新産業育てる制度に」、4
番の「電力先物が機能する環境を」、8 番の「太陽光発電の持続的な拡大へ
制度を正せ」、12 番の「電力自由化を生かす制度設計をきちんと」、26 番の
「電力自由化は改革の出発点だ」などは、脱原発を進めていくために制度面

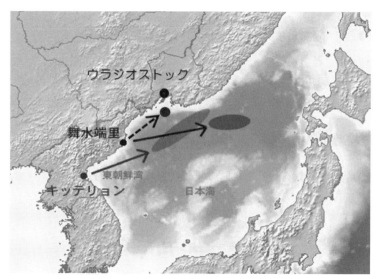

図1　ミサイルの飛んだ方向と落下地点

の整備を強く促す内容と言えるでしょう。

　以上のように、日本経済新聞の社説には、かなりの幅があり、全体としては脱原発に有利な論調が勝っていることを数量的な論拠を持って示すことができるわけです。

　また、社説以外の一般の記事（2014年4月）では、毎日、脱原発の実現可能性を裏付けるような、技術的、科学的、企業サイドの動きなどについての情報が、ほとんど毎日1件、多い日には4、5件も掲載されていたのです。こうして見ると、日本経済新聞に対する「原発推進」というレッテルははがす必要があることがわかります。

　以下では、印象操作の例と意図的な情報操作の例を確認して、本章を終えることにしましょう。

9.　言語と視覚表現による印象操作を見抜く

　2006年7月5日、北朝鮮から数発のミサイルが発射されたとき、マスコ

ミでは、「日本海に向けて発射」とか「日本海に落下」と報道されていました。これを聞いてほとんどの日本人は怖いと感じました。なぜでしょうか？それは、ミサイルが自分のほうに迫ってくる印象を持つからです。その結果、日本人の多くは、北朝鮮がとんでもないことをする異常な国であると思いました。

しかし、ミサイルが日本海のどこに落下したかを調べてみると、ロシアのウラジオストック沖 60 キロだということがわかります。ここで、視覚情報として、落下地点の地図があるかどうか、それが正確かどうかで印象が全く違います。図1を見てください。ウラジオストックから 60 キロ付近の正確な落下位置とミサイルの飛んだ方向（破線の矢印）を知ると、実線の矢印とともに表現される「日本に迫るミサイルの脅威」という表現には現実感が希薄なことがわかります。

10. 翻訳文による情報操作を見抜く

2015 年 4 月 27 日、「日米防衛協力のための指針」（通称「日米ガイドライン」）が 18 年ぶりに、安全保障関連法の成立の 5 か月近く前に改定されました。そこでは、集団的自衛権の行使を盛り込み、米軍に対する後方支援を約束しています。そのかわり、外敵からの脅威に対しては、米軍がより積極的に日本を防衛してくれるはずであるとメディアでは報道されました。では、「日米ガイドライン」の以下の文面からそれが裏付けられるでしょうか。

原文：The Self-Defense Forces will have the <u>primary responsibility</u> to conduct defensive operations in Japan and its surrounding waters and airspace, as well as its air and maritime approaches. The United States will coordinate closely with Japan and provide appropriate support. (p.10)

和訳：自衛隊は、日本及びその周辺海空域並びに海空域の接近経路における防勢作戦を<u>主体的に</u>実施する。米国は、日本と緊密に調整し、適切な支援を行う。(p.8)

原文では、primary responsibility という表現が使われていて、明らかに、

米軍ではなく自衛隊が日本防衛に「一義的な責任」を負うと書かれています。そして、この部分は、改定前と変わっていません。ところが和訳では、防勢作戦を「主体的に」実施するとなっていて、意味合いが大きく異なります。和文では、「自衛隊は米軍に指示されるのではなく、主体的に判断する」という趣旨に思われるので、そのまま読み流す人が多いのではないでしょうか。

　ここで注意しなくてはならないのは、この「和訳」の位置づけです。一般に二国間の条約では、それぞれの国の言語で書かれた内容の一致をチェックした後、両言語で書かれた文書を正文としてそれぞれの議会で承認しなくてはなりません。「日米ガイドライン」は、そのような正式な条約ではなく、国会承認を必要としない政府間の合意事項をまとめただけの文書ですが、それでも対等な立場での外交文書であるかぎり、両国の文書を正文として確認するのが通例です。ところが、「日米ガイドライン」についてこの点を外務省に問い合わせてみると、英文だけが正文で、和訳は米国側の確認を経ていない「仮訳」としての位置づけだと言います。日本がそのように不平等な扱いを受けていることもさることながら、日本のメディアが内容の正確さに保証のない文書を正式な文書であるかのように扱い、原文にあたらずに議論を進めているという事態は、メディア・リテラシーの観点から特に問題視すべきではないでしょうか。

　さて、上記の文面に続く後半の文面はどうでしょうか。こちらは、原文の意味は、和訳のとおり、「米国は、日本と緊密に調整し、適切な支援を行う」ですから、翻訳自体に問題はありません。しかし、ここで指針⑥を適用して、大きな文脈に目を移し、時系列の中で検討を加えると、別の点が明らかになります。改定前の 1997 年版に「支援」の内容として含まれていた "the use of strike power"（打撃力の使用）という表現が今回は消えていることから、自衛隊に対する米軍の支援の内容は明らかに後退しているのです。したがって、上述の「外敵からの脅威に対しては、米軍がより積極的に日本を防衛してくれる」という主張はこの文面からは裏付けられないと言えます。

　以上のように、ここにあげたような多様な指針を駆使してメディアを主体

的・批判的に読み解くことができれば、メディアに対して働きかける際も、単に主観を述べるのではなく、根拠に基づいた説得力のある意見を述べる能動的なメディア・リテラシーが可能となるのです。

注

1　これら能動的なメディア・リテラシーは SNS などのネットメディアの発達した現在、ますます重要度を増していますが、本稿では扱いません。

2　菅谷明子(2000)と前述の記者 5 人の聞き取り調査をもとに要素を抽出しました。

3　2008 年 3 月 31 日に放送が開始されたこの番組は、その日毎に「ニュースここ一番」と銘打って、時事の問題を取り上げ、専門家による解説と、これに対するリスナーからの投稿(電子メール、ファックス、留守番電話、Twitter)も交えて番組を進めるスタイルが主体。2015 年 3 月 30 日から「先読み！夕方ニュース」に改名されています。

参考文献

荒井文雄(2012)「重大災害時におけるメディアの役割：東京電力福島第一原子力発電所事故後における放射線健康被害リスク報道の検証」『京都産業大学論集.　人文科学系列』第 45 号、pp.103–145.

池上彰(2008)『池上彰のメディア・リテラシー入門』オクムラ書店

池上彰(2010)『池上彰の新聞活用術』ダイヤモンド社

伊藤守編(2006)『テレビニュースの社会学』世界思想社

井上泰浩(2004)『メディア・リテラシー　媒体と情報の構造学』日本評論社

上丸洋一(2012)『原発とメディア　新聞ジャーナリズム二度目の敗北』朝日新聞出版

大石裕編(2006)『ジャーナリズムと権力』世界思想社

経済産業省資源エネルギー庁監修『電気事業便覧　平成 26 年度版』オーム社

近藤尚(2013)「新聞は「メディア・リテラシー」をどう定義してきたか―読売新聞と朝日新聞の記事における量的分析―」『メディアと社会』第 5 号、名古屋大学国際言語文化研究科、pp.25–39.

下村健一(2010)『マスコミは何を伝えないか』岩波書店

菅谷明子(2000)『メディア・リテラシー　世界の現場から』岩波書店

鈴木みどり編(1997)『メディア・リテラシーを学ぶ人のために』世界思想社

鈴木みどり編(2001)『メディア・リテラシーの現在と未来』世界思想社

橋元良明(2011)『メディアと日本人　変わりゆく日常』岩波新書

ダレル・ハフ(1979)『統計でウソをつく法　数式を使わない統計学入門』講談社

高田昌幸・小黒純(2011)『権力 VS 調査報道』旬報社

武田徹(2011)『原発報道とメディア』講談社

谷岡一郎(2000)『「社会調査」のウソ　リサーチ・リテラシーのすすめ』文藝春秋

永井浩(2014)『戦争報道論—平和をめざすメディアリテラシー』明石書店

中西満貴典 (2004)「メディア・リテラシーの批判的検討 1—英語教育の実践を分析対
　　　象にして—」『国際開発研究フォーラム』27、名古屋大学大学院国際開発研究
　　　科、pp.113–122.

丹羽美之／藤田真文編(2013)『メディアが震えた　テレビ・ラジオと東日本大震災』
　　　東京大学出版会

ノーム・チョムスキー(2003)『メディア・コントロール』集英社

森本洋介 (2014)『メディア・リテラシー教育における「批判的」な思考力の育成』東
　　　信堂

本間龍(2012)『電通と原発報道』亜紀書房

柳澤伸司ほか(2004)『メディア社会の歩き方』世界思想社

渡辺武達(1995)『メディア・トリックの社会学』世界思想社

外務省 Ministry of Foreign Affairs of Japan
　　　「The Guidelines for Japan-U. S. Defense Cooperation (April 27, 2015)」
　　　〈http://www.mofa.go.jp/files/000078188.pdf〉(2016.11.28 リンク確認)

外務省 Ministry of Foreign Affairs of Japan
　　　「日米防衛協力のための指針(2015 年 4 月 27 日)」
　　　〈http://www.mofa.go.jp/mofaj/files/000078187.pdf〉(2016.11.28 リンク確認)

防衛省 Ministry of Foreign Affairs of Japan
　　　「THE GUIDELINES FOR JAPAN-U. S. DEFENSE COOPERATION
　　　(September 23, 1997)」
　　　〈http://www.mod.go.jp/e/d_act/anpo/pdf/19970923.pdf〉(2016.11.28 リンク確認)

防衛省 Ministry of Foreign Affairs of Japan
　　　「日米防衛協力のための指針(1997 年 9 月 23 日)」
　　　〈http://www.mod.go.jp/j/presiding/treaty/sisin/sisin.pdf〉(2016.11.28 リンク確認)

鹿児島県知事の川内原発再稼働承認
記者会見について

野呂香代子

1. はじめに

　私は、「批判的談話分析」という分野で、公的に発表された一般の人々にも影響を与えうるような談話を主な分析対象として扱っています。批判的談話分析を行う者は自分の立場を明確にして研究する、そして、研究を社会的実践につなげていく、という基本的姿勢をとります。というわけで、まず私の立場について申しますと、「脱原発」です。扱う資料は、鹿児島県知事の川内原発再稼働承認記者会見(2014 年 11 月 7 日)です。

1.1　安全神話

　初めに、「安全神話」について考えていきたいと思います。「安全神話」という言葉は、皆が安全だと信じてきたものが、実はそうではなかった、という文脈で「安全神話の崩壊」という表現となって現われます。多少クイズみたいになりますが、皆さん、ちょっと考えてくださいますか。「新幹線は安全だ、原発は安全だ」と言われている。さて、事故が起きました。事故が起きると、新幹線の安全神話、原発の安全神話は崩壊したということになります。新幹線の事故だとどういうことになるでしょう。新幹線のほうは実際に安全性を高め、事故の再発を防ぐように努力する、こういうことになると予想されるのですが、原発の場合はどうでしょう。原発はそもそも危ない、だから「危険性を隠す」ということが、もう最初から大前提としてあるのです。1960 年に出されたという事故時の試算に関する報告書[1] にも、原発事故

が起きると、本州の約半分は農耕制限となるということが書かれているよう
です。もうとにかく危ない、ということが最初から関係者にはわかっていた
ということです。原発は、チェルノブイリや福島の事故が示す通り、未だに
事故の処理方法すらわからない、人間の技術的制御能力を超えたものなので
す。したがって、原発を使い続けるためには、いろいろな安全神話を作りつ
づけざるをえないということになります[2]。

　では具体的にどうするかというと、現実の危険性を隠すために言葉で虚構
の世界をつくるのです。現実から離れ、言葉の世界に入っていくことになり
ます。5つの壁で守られているから事故は絶対起きないと言われていました
が、実際に未曾有の事故が起きてしまいました。さすがにこれで原発は終わ
りだろう、と普通の人は考えるかもしれませんが、そうはならずに、また新
たな安全神話が作られます。それで今、どんな安全神話が生まれているで
しょうか。

　まず、事故後、「風評被害」という言葉が多く耳に入ってくるようになり
ました。「風評被害」が使われる文脈は2つありまして、1つは、原発事故
情報を正しく伝えないインターネットメディア、ソーシャルメディアによる
風評被害を防ごうというような文脈で使われるもので、たとえば経済産業省
資源エネルギー庁が使っていました[3]。もう1つは農産物など安全なのに風
評被害のために売れないとか、観光客が来ないというもので、農林水産省[4]
や文部科学省[5]あたりで使われています。これらは、原発事故の被害を覆い
隠し、安全性を強調しようとする動きでしょう。それと、原子力規制委員会
委員長が言った、川内原発の「世界最高水準の安全性が担保された」[6]など
の発言も、新たな安全神話だと言えるでしょう。

1.2　問題提起

　これら安全神話には、非常に多くの言葉遊びがみられます。言葉遊びと
は、一定の事象を表現するのを避けるためにさまざまに言葉が駆使される様
子をいいます。言葉による取り繕いです。以前、東京電力福島原子力発電所
事故調査委員会の資料を用い、文部科学省の担当官がいろいろな表現を使っ

て「年間 20 ミリシーベルト」を避けようとしている様子を分析しました[7]。また、選んだ言葉とか論拠に対するこだわりが見られ、同じ言葉や論拠が何度も繰り返し現われます。これらの虚構の言葉、言語使用を見える形にする方法を探っていくのが批判的談話分析です。

　私の問題意識として、原発推進派と脱原発派は果たして同じ土俵で議論することができるのか、できないのかというものがあります。つまり、推進派はこれまで一定の語彙や論理などを使って、一定の意味世界を築いてきたのですが、脱原発派が既存の語彙や論理を使って相手の意味世界に入りこみ、「議論する」ということができるのだろうか、という問題意識です。

　また、これに関連して、もう 1 つ非常に気になるのは、政治家や官僚の言葉に見られるような、中が空洞の硬直した日本語です。同じ決まり文句がもう何度も何度も使われるのです。たとえば文部科学省の原子力、放射線教育関係の文書を調べていて、「原子力（放射線等）について学び、自ら考え、判断する力を育成する」という表現が何度も出てきました。原子力、放射線教育が取ろうとした姿勢とこの表現には大きなギャップを感じます[8]。そうした空虚な日本語を柔軟で生き生きした日本語に戻すにはどうしたらいいかというのも私の問題意識としてあります。

　ここでは、批判的談話分析の手法を援用しながら、鹿児島県知事（当時）の記者会見を観察します。そして、その分析を通して何が分かるのかを示します。また、私達に何ができるのかについて考えていきたいと思います。最後に、今挙げた問題意識を絡めながらまとめに入りたいと思います。

2. 鹿児島県知事、再稼働承認記者会見の批判的談話分析

2.1 詳細分析のガイドライン

　ドイツにはフーコー派批判的談話分析というのがあります。ミッシェル・フーコーの理論をもとに、談話に関わる知や権力を可視化しようとするものです[9]。2 つの分析法で観察したものをつなげるのですが、1 つは、あるテー

マに関する談話内容を長い期間観察し、その構造を分析するものです。それと、もう1つは、「詳細分析」と呼ばれるもので、例えば原発だったら原発推進派の談話に典型的だと思われるものを1つ取り出して、それを詳細に分析します。非常に言語学的な細かいところを見ていくのです。一定の言語的な特徴を観察することによってさまざまなメッセージを浮かび上がらせていくことになります。その分析のためのガイドラインというのが用意されていまして、もともとは新聞記事を詳細に分析するためのガイドラインだったので、野呂 (2015a)[10] で文科省の副読本を分析した際に、官の言葉の分析のガイドラインというものを足していきました。その新たな項目を足したガイドラインで今回の分析をやっていったら、また合わないところが出てきました。ですから、いろんなジャンルによって、いろいろなガイドラインを自分たちで足していかなければならないというのがわかったのですが、今回は的を絞り、以下の資料の何点かについて分析していきたいと思います。

　まずガイドライン (資料1) の中に「論理と構成：どんな論理構成でどのように結論が導き出されるか」という着目点があるのですが、今回はこれを中心にやっていきたいと思います。それから、後ろから2番目の「登場人物」、人物とか人称とかなんですが、これにも注目したいと思います。たとえば「我々」「私たち」というときは内集団で、それ以外が外集団になりますが、どの集団を内集団、外集団と捉え、外集団をどのように扱っているかというのが分析の中心となります。談話に登場する人物がどのような人間関係をつ

【資料1】詳細分析ガイドライン（分析の着目点を示したもの）

・論証：何を論拠に、どんな主張がなされたか
・論理と構成：どんな論理構成で、どのように結論が導き出されるか
・含意、ほのめかし：どんな言語的手段を用いて、一定の読みを誘っているか
・慣用句、決まり文句：響きのいい決まり文句はどのような環境で使われるか
・語彙：何度も登場する語は全体の中でどのような位置づけになっているか。
　　　　言い換えが行われているか。何を目的として行われているか
・登場人物：人物、人称はどのような関係（内／外集団）を作っているか
・引用、学問への依拠：一見、中立的に見えるものに依拠して何かを主張していないか。国などを権威化し、利用していないか

(野呂：2015a、pp.98–100 参照)

くっているかというのを観察するわけです。他の事項も互いに関連してきますが、今回は主にこの2つに焦点を当てたいと思います。記者会見の様子はユーチューブで見ることができますし、文字化されたものもあります[11]。紙面の都合上、その文字化資料の後半部分だけを一部を変更して【資料2】として掲載しています。この記者会見を私は非常に典型的な原発推進派の談話だと思って選びました。

2.2 「再稼働承認」の論理構成

知事はこの記者会見の初めに原稿を読み上げるのですが、その冒頭は「諸般の状況を総合的に勘案をいたしまして、川内原発1、2号機の再稼働については、やむを得ないと判断をいたしまして（後略）」、また、原稿の最後の部分も「我が国の置かれている諸般の状況を勘案し、再稼働はやむを得ないと判断したところであります」というものでした。それが、その後の原稿に依らずに記者に回答する記者会見部分においても、いつも同じパターンで、次に示すような四段階の論理構成で現われました。

    ①「現実はこうだ、と私は捉える」
    ②「しかし、日本の状況を考えると」
    ③「期限付で」
    ④「再稼働はやむを得ない」

①で、一応再稼働に反対する一定の現実や動きに理解を示しながら、②で広く日本の状況から判断して、再稼働承認の意見を述べようとする。しかし、③で、時間的限定をつけて、全面的に承認する姿勢を否定し、④で、（本当は承認したくないが）再稼働は②の状況からやむを得ない、という論の運びになっています。扱うのは会見中に出てきた次の五例です。以下の（　）内は記者会見部分の文字化資料である【資料2】の行数を示します。

【例1】(15 〜 21)

　賛成する方、反対する方、いろんな方がいらっしゃいますので、一律的に賛成という立場はなかなかとりにくのかな、と思います。ただ、私としては、諸般の情勢、先ほど言いましたような諸情勢でありますが、それを総合的に勘案いたしますと、やはり、あとしばらく、当分の間は、原子力発電所の活用をせざるを得ない、と考えておりまして、そういう意味でやむを得ないという言葉を今回は、使わせていただきました。

【例2】(55 〜 60)

　いろんな意見があるので、一律に簡単に同意とは言えないよね、と、しかし、我々が置かれている状況を考えると、我が国の、少なくとも、この当面の判断としては、原子力発電所の活用する以外に道がないというか、そのほうが国民全体のいろんなことを考えた時に、それが、ベターだよね、ということで、やむを得ない、という言葉を使った。そういうことですね。

【例3】(71 〜 76)

　私自身は、福島であれほどの不幸な事故が起こりました。従いまして、安全神話が全部崩れ、大変な状況に至っていることは確かであります。ただ、我が国の置かれているいろんな諸般の状況を考えた時に、先ほど言いましたように、今後暫くの間は、いずれにしろ、原子力発電所を活用せざるを得ないという、私は我が国の状況は変わらない、と思ってまして、

【例4】(82 〜 88)

　あえて、皆さん方に何故必要かという話、実は今日説明したような内容を、選挙のときにずっといろんな地域で、お話をさしていただきました。だたそれでも、若い女性の方とか、一般女性の方は非常に原子力発電所の再稼働について厳しいかと思います。ただ、先ほど言いましたよ

うな我が国の今後の原子力政策、エネルギー政策にも関連いたしますが、考えると、本当に暫くの間は、原子力を有効活用する以外にない、と考えておりまして、

【例5】(168 ～ 172)
人類はずっとこの原子力に依存するような、そういう生活はしないほうがいいのかな、とも思ってまして、そういう意味で、当分の間は仕方ないけど、という言葉で、やむを得ないと言う言葉で、を使わしていただいたということですね。

以下では、こうした①から④の論理構成の内容を詳細に観察して行きたいと思います。

2.2.1　「現実はこうだ、と私は捉える」
①の論理構成部分、「現実はこうだ、と私は捉える」に該当する箇所を以下に挙げました。そのうちの１つは、再稼働に反対する人々の存在に言及しています。

賛成する方、反対する方、いろんな方がいらっしゃいますので、一律的に賛成という立場はなかなかとりにくいのかな、と思います。(例１より)

いろんな意見があるので、一律に簡単に同意とは言えないよね、と。(例２より)

皆さん方に何故(原発が)必要かという話を(略)ずっといろんな地域で、お話をさしていただきました。ただそれでも、若い女性の方とか、一般女性の方は非常に原子力発電所の再稼働について厳しいかと思います。(例４より)

それから、福島事故後の大変な状況についても述べています。

　　福島であれほどの不幸な事故が起こりました。従いまして、安全神話が
　　全部崩れ、大変な状況に至っていることは確かであります。（例3より）

ここでは、非常にはっきりと原発事故について述べています。また、人類
の将来の生活についても語っています。

　　人類はずっとこの原発に依存するような、そういう生活はしないほうが
　　いいのかな、とも思っていまして、（例5より）

　このように、いろんな人の存在、特に強く反対する女性の存在を認識し、
福島事故後の大変な状況、人類の原発に依存しない生活にも言及することで
何をしているのでしょうか。脱原発派を意識した表現を使って、自分は脱原
発派の存在も考え方も一応理解しているというメッセージを伝えていると思
われます。あるいはそういうポーズをとっていると言えます。以下では、①
の「現実はこうだ、と捉える」に現われた「反対派」「原発事故」「脱原発依
存」が、他の箇所ではどのような形で現われているかを見ていきます。その
ことで、①の論理構成部分の位置づけが見えてくると思います。

(1)知事にとっての反対派
　では、知事にとって再稼働に反対する人々とはどんな存在なのでしょう
か。同じ記者会見の他の箇所を見ますと、こういう発言をしています。

　　実は、いろんな、周りに、いろんな動きがありますので、やはり、こ
　　こはあまり時間をおいて判断すると、かえっていろんな事態を招来する
　　可能性もあるので、やむを得ないのではないのかなと思います。（126
　　〜 129）

さきほど見たように、一方で原発に依存するような生活はしないほうがいいと言いながら、ここでは、反対する人々を早期の再稼働のとてもやっかいな障害物のように表わしています。

また、次の発言も見てください。鹿児島県が行った説明会で実施されたアンケート調査についての記者の問いに、知事が答えている場面があります。アンケートの項目で理解できなかったものに印をつけるということになっていたようで、印のついていない残りの項目は「理解できた」とみなしたらしく、そのことを記者が問題にしています。ここでは「理解できた」を「同意した」と解釈していると考えられますが、知事の回答に以下のような箇所があります。

　　実はですね、アンケート、大体、有効1900ぐらいですね。そのうち350はですね、全部ペケなんです。（中略）その方々、全部ペケというのはですね、理解するとかしようとか、そういう意志のない方という形で判断せざるを得ないですよね。全部ペケです。それはもう最初から、もうそんなの理解するつもりはないし、もともと原発反対だという方々の意志の固まりの表現かと思いますので（251 〜 257）

一方で、内容の「理解」を尋ねる形をとりながら、「理解できた」を都合よく「同意した」と解釈し、他方、全て「理解できなかった」と印を入れた反対派に対し、強い怒りと拒絶反応を表わしています。知事にとって「説明会」とはこなさなければならない儀式のようです。非常に閉鎖的な説明会に対する意見も記者から出たのですが、知事はこう答えています。

　　なぜ説明会をインターネットで中継しないか、それは簡単なんですよね。簡単って言いますのは、説明会をやってですね、何が起こるかわからないという、問題を抱えつつ、実は説明会やらざるを得ません。反対派が大量になだれこんで、説明会できないこともある。（359 〜 363）

反対派とは、なにかをしでかす、危険なもので、その大量のなだれこみを防ぐためにこっそりと説明会を済ませたいようです。他の箇所で、反対派の発言を、このように表わしています。

　　国民の命を守れ。いかにも原発を稼働すると国民の命を守れないような、そういうプロパガンダが大いに行われてます。（335 〜 337）

　この「プロパガンダが大いに行われてます」という表現にも、反対派に対する知事の嫌悪感が表われています。ドイツでも、脱原発派が勝つまでに40 年ぐらいの戦いの歴史があったそうですが、やはり推進派たちは脱原発派をテロリストと呼んでいたそうです[12]。これは、差別的な談話によく見られるのですが、肯定的な内集団と否定的な外集団を構築するために用いる「転化」ストラテジーや、「指示ストラテジー」に当たると思われます[13]。

(2)知事にとっての原発事故
　知事にとって福島の事故とは何か、について見ていきたいと思います。さきほどは「福島であれほどの不幸な事故が起きた、大変な状況に至っている」(例3)と言っているのですが、別の箇所でこう言っています。

　　我が国はいろんな災害等々が多発する地域であり、結構、先行事例を持ってます。この前の広島のあの大水害の時に、ただちに自衛隊が動き警察が動き(略)、国全体のパワーが動きました。(略)これから多分原発等々の事故が起こるとですね、そういうことであって、あんまり手段でありますとか、マイナーな話は私はあまり心配する必要がないと思います。(183 〜 189)

　まず「原発等々」と原発事故を自然災害と同列に置いて、国全体が動くから心配するな、避難手段はマイナーな話だと言っています。なぜ、福島の原発事故の避難と比較しないのでしょうか。また、別の箇所では、規制委員会

の出した数字を重視して、それを元に計算すると、事故が起きても避難する
必要はない、さらには命の問題は発生しないとまで言っています。

> 実は、ちょっと専門的な話になって恐縮ですが、まあ要するに今回の制
> 度設計というのは 100 万年に一回の事故を想定するわけですよね。（略）
> それをおんなじ条件で同じような事故が川内に起こった時にどうなる
> かっていうのは(略)、動く必要がない。家の中にいてもいいし、普通に
> 生活してもいいっていう、そのレベルの実は、放射能しか人に被害が起
> こらない。（193 〜 201）

> もし、福島みたいな事故が起こっても、放出量は 5.6 テラベクレル。そ
> して、5.5 キロのとこでは、5 マイクロシーベルト。もう命の問題なん
> か発生しないんですよね。（340 〜 343）

　避難するなら国全体が動く、しかし、事故は 100 万年に一回しか起こら
ない。それで、もし事故が起きたとしても、発生する放射能はわずかだから
避難する必要もない、と言っています。しかし、本当に事故が起きてしまっ
たら、どうなるのか。すると、話は急に責任問題に飛んでいきます。

> ただもし万が一のことがあったら、今、福島はそういう形になってます
> が、(略)最終的な責任は、やっぱり国にあるのかなあというのが、私の
> 受け止め方であります。（355 〜 358）

　知事にとっての福島事故とは、福島事故のような事故は(規制委員会の出
してくれた数値のおかげで) 起きないという、安全神話づくりのために例示
するだけのものであることがわかります。ところが、数値ではなく、福島事
故のような現実の事態に言及した箇所では「責任」を国に投げています。

(3)知事にとっての脱原発依存

　では、3つ目の「脱原発依存」について見てみたいと思います。記者が脱原発に対する考えを尋ねたときに、知事はこう答えています。

　　　前の選挙の時には、脱原発に向かって模索するという言葉だったでしょうか。そういう言葉です。先程は国の方のエネルギー基本計画を使いまして、原発に対する依存度をなるべく下げるみたいな、そういう話で説明したと思います。(154 〜 157)

　知事にとっての「脱原発」は、前回はこういう言葉を使った、今回はこういうふうに表現した、という風に、言葉の問題のようです。なんとなく「脱原発」に向かうようなニュアンスを伝えるための言葉遊びでしょうか。

2.2.2 「しかし、日本の状況を考えると」

　次に②の論理構成部分、「しかし、日本の状況を考えると」を見ていきます。

　　　ただ、私としては、諸般の情勢、(略)それを総合的に勘案いたしますと(例1より)

　　　しかし、我々が置かれている状況を考えると、(略)国民全体のいろんなことを考えた時に(例2より)

　　　ただ、我が国の置かれているいろんな諸般の状況を考えた時に(例3より)

　　　ただ、先ほど言いましたような我が国の今後の原子力政策、エネルギー政策にも関連いたしますが、考えると(例4より)

このように、「しかし」や「ただ」の後に、急に「我々」「我が国」とか「総合的」といった広範囲の、大まかであいまいな表現が何度も出てきます。そして、これらが再稼働の論拠として使われています。

(1)諸般の事情

諸般の事情として知事が挙げたのは政府の方針（2014年9月12日付の文書）などです。安全性の確保が重要だ、安全性の確保は規制委員会により確認された、県議会でも再稼働を求める陳情が採択された、立地自治体でもそうだ。避難計画も国で確認了承された。住民の理解については説明会などで、理解の向上に寄与した。我が国のエネルギー政策における原発の必要性は、エネルギー基本計画に書いてある。これが知事の言う諸般の事情です。ちょうど記者会見の前半部分で読み上げられたもので、もちろん全て推進派が進めた動きです。

(2)知事にとっての「我々」

さきほどの「我々」は漠然と日本全体を指して再稼働の論拠とするために使っているようですが、もう1つの「我々」は、「同意自治体」の論拠として使われています。「我々立地自治体」を「よその所」と比較して、「最高」の説明会をしたと言っています。もっとも何が最高なのかは説明していません。

> ただ我々としては、今の諸手続きの中で、考えられる最高の説明会は、最大レベルのですね、持ったと思います。そして、よその所で、このような説明会ができるかっていうと、私は必ずしもそんなに簡単にいかないのかなと思ってます。（117 〜 120）

「我々」の自治体以外、他の自治体の同意をとることは要らないというのが彼の立場です。しかも、その論拠に、他の自治体を「理解、知識の薄いところ」と定義し、自治体の範囲を広げると乱れが生じ、「我が国の全体をま

とめる」上で賢明ではないとしています。

　　同意の範囲も従来のスキームでいいと、（略）立地の市、ないしは県は、相当の知的集約もあります。ですから、それを一律に拡大すると、極めて原子力発電所について、理解の薄いところ、知識の薄いところで、一定の結論を出すというのは、必ずしも我が国の全体をまとめる上において、錯綜するだけで、賢明なことでは私はないと思うんですよね。（207〜213）

　再稼働反対派に対する知事の認識を①の論理構成部分で見てきましたが、ここでは、理解、知識の低さを論拠にして、「我々」以外の自治体を同意自治体に加えるのは、全くナンセンスだという流れになっています。ここにおいても「理解」は「同意」と一体化しています。内容を「理解」して「知識」を蓄積した上で再稼働に反対するという議論の道は閉ざされています。
　それから、もう1つ、敬語や「〜（て）もらう」を使った依頼や感謝が表現されている箇所を見ると、知事にとっての「我々」側に付くメンバーが見つかります。再稼働承認に関わる人々に対し、こうした表現が用いられています。

　　県議会でもああいう形でお願いをして迅速な会手続きをとらさしていただきました。（125〜126）

　　九電の社長さんが全部の首長さんをまわりましたときに、大体首長さんレベルはそれで、それでご了解を頂いていると思うんですよね。（218〜220）

　　もし薩摩川内原発で福島と同じようなことが起こった時に、（略）例の5マイクロシーベルト、（略）そこまで追い込んでもらったというのは、私は規制委員会に感謝したいと思いますし、そういう努力のあとを皆さん

にわかっ<u>ていただきたかった</u>、それは静かに<u>聴いていただいた方々</u>には、案外浸透したんではないかと思いますね。(275 ～ 280)

2.2.3 「期限付きで」

③の論理構成部分、「期限付きで」ですが、期間を限定する表現が何度も出てきます。これも脱原発依存を匂わすように使っているのでしょう。期間の限定を強調しているのですが、何も具体的な言及はありません。積極的な再稼働ではないことの印象づけと言えるでしょう。

「やはり、あとしばらく、当分の間は」(例 1 より)
「我が国の、少なくとも、この当面の判断としては」(例 2 より)
「今後暫くの間は」(例 3 より)
「本当に暫くの間は」(例 4 より)
「当分の間は」(例 5 より)

2.2.4 「再稼働はやむを得ない」

最後に、④の論理構成部分、「だから再稼動はやむを得ない」を見ていきます。「やむを得ない」等、それ以外に選択肢がない、という表現は今回のキーワードのようで、記者からもその意図を聞かれる場面が何回かありました。

原子力発電所の活用をせざるを得ない、と考えておりまして、そういう意味でやむを得ないという言葉を今回は、使わせでいただきました。(例 1 より)

原子力発電所の活用する以外に道がないというか、(略)それがベターだよね、ということで、やむを得ない、という言葉を使った(例 2 より)

いずれにしろ、原子力発電所を活用せざるを得ないという、私は我が国

の状況は変わらない、と思ってまして(例3より)

原子力を有効活用する以外にない、と考えておりまして(例4より)

・やむを得ないと言う言葉で、(例5より)

(1)「やむを得ない」のコンテクスト

「やむを得ない」はどういうコンテクストで使っているかというと、知事自身は「いろんなニュアンスがやむを得ないという言葉の中には含まれている」(171–172)としていますが、主な1つは(推進派の用意した)諸般の情勢・状況から再稼動する以外に他に道はない、だからやむを得ず再稼動する、というものです。それから、もう1つは、反対する人もいるし、福島の原発事故もあったし、原発に頼る生活もよくないと思っているから、自分は、本当は再稼働はしたくないけれども、万が一事故になったら国が責任を持つだろうから期間限定でやむを得ず再稼働する、というコンテクストです。再稼働に喜んで「同意」するのではない、というニュアンスを強調するためでしょう。

「必ずしも同意と言う言葉で整理しなくてもいい」(46)と「同意」したと見られることに否定的な発言をしています。しかし、もう一方で、この「同意」に消極的であることを示す表現である「やむを得ない」と相いれない発言もありました。

> 着実な形で、進んでいくのが、我々と我が国にとっては、大変大切なことだというのは、ずっと、そう考えておりました。(略)第三期目の選挙の時に、私はわざわざ再稼働は必要だと言う言葉は、皆さん方に訴えて、選挙をさしていただきました。(略)やがて、このタイミングは来るというのはわかっていました(略)(76〜82)

ずっと再稼働を考えてきて、選挙時に再稼働の必要性を訴えてきたのに、今回、「やむを得ない」という言葉を使うのは、以下で見るような「責任」

問題との絡みからでしょう。

(2)「同意」による知事の責任

　では、再稼働を承認した知事の責任はどうなのかと、記者が尋ねる場面があるのですが、それに対し、知事は以下のように答えています。

　　大変重い判断をすることになりましたので、私自身、身を引き締めて、今後、どういう形で、私が十分に役割を果たせるのか、考えていきたいと思います。（28 ～ 30）

　「身を引き締めて」のように響きはいいが内容的には何も示さない決まり文句を使って、責任に関しては言葉を濁しています。「考えていく」ということは「考えていない」ということです。

　　いろんな事象が今後、起こることも考えるわけでありますので、（略）私自身、厳格な気持ちで臨みたいと思います。（30 ～ 32）

　「いろんな事象」が何を指すのか、不明です。事故時も普通に生活すればいいと言っているのですから、「いろんな事象」とは、反対派の動きを指して言っているのでしょうか。ここも響きのいい、内容のない「厳格な気持ちで臨む」という決まり文句が使われています。

2.3　何が分かったか

　今回は「論理構成」と「登場人物（内外集団）」の 2 つに主な焦点を当てて、鹿児島県知事の記者会見を見てきました。内集団の「我々」には、「我が国」と「立地自治体（鹿児島県と薩摩川内市）」を、外集団には「反対派」や「UPZ 内[14] の立地自治体以外の関連自治体」を置き、反対派を再稼働の障害物、UPZ 内の関連自治体を知識の薄いところとして提示しているのを見てきました。そして、そのような内外集団のもと、何度も同じ論理構成で

再稼働を承認する話を進めていました。同じ場所をぐるぐる回って、新たな展開のない硬直した日本語の論の運びでした。

　他方、今回は、記者会見の後半、記者に回答する部分、つまり、知事が原稿を読み上げる以外の部分を扱いましたから、原稿では現われない知事の考えや感情が結構はっきりと出ていました。脱原発の市民運動、特に女性の存在に対する危機感とか嫌悪感というのがいろんな言葉になって現われていました。住民の理解を進めるための説明会というのが、住民が「同意」していることを証明するような「儀式」であること、実は、この説明会の反対派対策にかなり大きなエネルギーが注がれているということがわかります。説明会を滞りなく済ませることが本当に重要なことのようで、「そうとうな根回しをした上で、そうとうな準備をして臨んでます」(120 〜 121) というような言い方にもそれが現われています。

　グリーンピースの方が、世界最高の民意無視の説明会だというようなことを、他国といろいろ比較して書いていました[15]。それによると、鹿児島県の説明会で市民参画を阻止する重大な制限として、

　・参加は鹿児島県民のみに限定
　・事前申し込み制で、空席があっても、申し込みなしの当日参加は不可
　・会場内での録音・写真撮影・動画撮影禁止
　・インターネット中継なし
　・短い質疑応答の時間
　・参加者の座席指定

という点が指摘されていました。インターネット中継がされていない国々の例としてハンガリー、韓国、ルーマニアが挙がっていましたが、座席指定は世界初である可能性があるとのことです。

　事故、そして住民を軽視する、事故責任はとらない。とにかく、再稼働する。そうした態度の表明だから、言葉遊びが多く、矛盾だらけです。典型的だと思ったのが、事故は100万年に一回しか起きず、事故が起きても命の心配はないと言いながら、事故が起きたら国が責任をとるべきだというものでした。

2.4 何ができるか

　では、私たちに何ができるのかということを考えたいと思います。言葉遊びをストップさせるために、とにかく具体的な内容を問いただし、矛盾を見える形にするということです。福島では誰も責任をとっていないが、今回はどういうことになるのかとか、具体的に誰がどのような責任を取るのかとか、事故時の数字の信憑性について、5.6 テラベクレルという数値は福島の場合と全く違うが、大体そもそもどこからどういうふうにその数値が出てきたのかとか、原発事故に対してそのように数値が出せるなら、そのシミュレーションを明確に示してください、とか、とにかく具体的に何度も答えが得られるまで尋ねるべきだと思います。

　それから、原発事故や住民の軽視に対して、「命、人権の軽視」だとか「人間的、社会的倫理観の欠如」だとか、そういうのを言ったところで通じないわけですから、それを伝える言葉とか論理というものを私たちはもっと創造的につくり出さないといけないと思います。脱原発派の強みは、自分たちの言葉で話せること。嘘を用意するための決まり文句や論理は要らないことだと思っています。自分たちの言葉で正直に戦えるという強みがあると思います。

　また、説明会についてですが、説明会ではなく公開討論会をする必要性があるということを主張しなければならないと思います。説明会は見てきたとおり、住民に「理解＝同意」させるためのものなので、まず説明会の実態はどういうものなのかをもっともっと広めて、公開討論会を開くようにプッシュする必要があると思います。討論会は不利だと見るから説明会ということになるのでしょうが、市民の方からどんどん議論の場を作っていく努力、議論を拒む推進派の姿勢を正す努力をしなければならないでしょう。ドイツの例なのですが、脱原発を決める倫理委員会も 16 時間にわたってテレビ中継の公開討論会をやったそうです[16]。そういうふうな討論会をやるようにプッシュする、いろんなところで発言する、ということをしていかなければならないと思っています。

3. まとめ

3.1 同じ土俵（同じ意味世界）で語ることができるのか、できないのか

　最初の問題意識で、脱原発派が果たして、推進派がこれまで用意してきた語彙や論理などで成立している意味世界に入りこんで議論という形を成立させることができるのだろうか、というものがありました。それは、できない、と思います。今回の分析でも再稼働に反対する人々に対する知事の認識からつくづくそう思いました。では、なぜ、それでも議論の場を作りたいのかということを説明したいと思います。批判的談話分析の概念で「支配的な談話」というのがあるのですが、これが今の推進派の談話です。それに対する概念として、「対抗する談話」というのがあります。対抗する談話というのは、イメージを抱いていただきたいのですが、ぶわーっと勢いよくやってくる強い流れの中で、少しずつでも反対の流れが入ってきて、流れがあちら、こちらで違う動きをしはじめる。それが「対抗する談話」です。「対抗する談話」には私の考えている中では、少なくとも 2 つの可能性があって、1 つは、まだまだまともな議論はできないのですが、同じ土俵で戦っていくというやり方。公開討論会はこれに当たります。もう 1 つは、全く別のところで新しい価値観を持った新たな言葉、談話を見出していくという可能性です。

　「政治」についてですが、日本では「教育の現場などで政治的中立を守るために政治を口にしてはいけない」などと言われたりします。こうした使われ方をする「政治」の呪縛を解き、政治が人々の日常に入ることを願って、私は「大文字の政治（POLITICS）」と「小文字の政治（politics）」という言い方を使うことにしています。このアイデアは民主主義的な政治文化を養おうとする欧州評議会の教育政策から得ました。欧州評議会は「民主的シティズンシップ教育／人権教育」と呼ばれるものを進めており、その目的は、若い市民として生徒たちが、自分たちの社会や政治的な共同体において積極的な役割を果たせるように促すことだとしています。そして、民主的な共同体に参加するためには、生徒たちは、知識や理解、技術的・方法論的スキル、ま

た、寛容性や責任といった価値や態度も含めた広範囲な能力を発展させる必要があるとしています[17]。とにかく市民が参加する社会を作っていかなければいけない、つまり、民主主義というのは本当に教室から、自分の身の周りから生まれるという考え方です[18]。だから、政治を日常的に語る、日常生活で政治的土壌を養う、これを「小文字の政治」と呼ぶことにしたのです。

市民運動から発展してきたドイツの緑の党という政党が脱原発を主張しはじめ、結局、右派のメルケルが脱原発に舵を切ることになりました。それまでに、さきほど述べたように40年の歴史があるのですが、まずはそこ、ここの市民運動から始まった、これが「小文字の政治」です。でも、市民運動だけやっていてもだめだから、政治に入っていこうということで「大文字の政治」の世界に入っていって、そこでだんだん存在感を現わしてきたということで、両方から攻めていかなければいけないと思っています。

3.2 虚構の日本語を現実社会に戻すにはどうすればいいか

虚構の日本語を現実社会に戻すにはどうしたらいいのか。それには、「小文字の政治」、日常生活の政治というものを拡大させる。それを発展させて「大文字の政治」の世界で勝負する。そういう運動を広げていくことが重要になってくると思います。日本人はなかなか議論できないという現状があって、じゃあ、どうすればいいのか、ということになりますが、私が今考えているのは、やはり先ほど例に出したような、欧州評議会の民主的シティズンシップ教育／人権教育の発想を広げるということです。小学校の時から議論する練習をやるような教育を広めていく以外にないのかなと思っています。

私は、日本語を教えていますが、何のための日本語教育かというのを常日ごろから考えています[19]。ただ話せるだけではなくて、やはり人間としての成長を見たいということで、議論できる学生、対話できる学生を育てたいというのがいつも考えていることなのです。市販の教科書を使った授業でも、いつも学生に聞きます。「どう思うか」と。いろいろな形の疑問を常に授業に入れていく。「教科書はこういうことを書いているけれどもどう思う？」と学生に質問を投げかける、というのが1つと、あとは毎回、授業の最初

に、今週のニュースというのを一人ずつみんなに言ってもらいます。それで、議論になったり、感想を言い合ったりします。それを毎回毎回やっていると、みんな何かおもしろいニュースを探してくるようになります。それでだんだんニュース慣れしてくる。ニュース慣れしてくるというか、それをもとに議論できるようになる。そういうことをやっています。

日本のコンテクストで言うと、2013年の参議院選で三宅洋平さんが始めた、多くの人を巻き込んだ選挙フェスという運動があります[20]。彼のスピーチを批判的談話研究の枠組みで分析したのですが、新たな発想や発信力を備えた、語彙や論理の使い方が見られました[21]。私たちにできることはとにかく発信すること、ネットワークづくり。そういうのを可視化できるような努力を常に続けていかなければならないと思います。

それから、海外の脱原発の議論というものが、もう本当にいろいろ力強いものがあるのですが、その議論の歴史というものを紹介していかなければいけないと思っています。

3.3　対抗する談話

以上で、最後になりますが、脱原発運動、反核運動、平和運動を始めたロベルト・ユンクという人がいます。彼が1977年に書いた『Der Atomstaat（原子力帝国）』という本があって、これがいわばバイブルとして市民運動の中で読まれたそうです。それで運動はずっと広がっていった。日本語版があるのですが、もう絶版になっていて残念に思っていたところ、2015年に日本経済評論社という出版社から復刻版が出ました[22]。

その本の中に以下のような言葉があります。

> 一時的には原子力帝国が力ずくで突き進み、権力を持たない新しい国際的な運動を地下の墓地に追いやることがあるかもしれない。しかし、近代技術の上に成り立つ専制政治は、以前の権力支配よりも強力であると同時に、またもろさも備えている。最終的には水のほうが石よりも強いはずだ。（ユンク 1989: 242–243）

じわじわと入っていって、やがて、ばあっと広がるような、そういう運動があちこちで大きくなっていけばいいと思っています[23]。

注

1 　原子力産業会議(1960)「大型原子炉の事故の理論的可能性および公衆損害に関する試算」。食品と暮らしの安全基金・古長谷稔(2006)のp.76や今中哲二(1999)による。

2 　野呂香代子・山下仁(2012)を参照。

3 　経済産業省資源エネルギー庁ホームページ「入札公告：仕様書」
〈http://www.enecho.meti.go.jp/appli/advertisement/110624b/pdf/aplad_110624b_0212.pdf〉(2016.8.29 リンク確認)

4 　たとえば、農林水産省ホームページ「今、私たちにできること、風評に惑わされない生活をしよう！」
〈http://www.maff.go.jp/j/pr/aff/1105/watashi_01.html〉(2016.8.29 リンク確認)

5 　たとえば、文部科学省ホームページ「新しい放射線副読本」
〈http://www.mext.go.jp/b_menu/shuppan/sonota/attach/1344729.htm〉(2016.8.29 リンク確認)

6 　第188回国会　衆議院原子力問題調査特別委員会　第9号(2014年9月7日)
〈http://www.shugiin.go.jp/internet/itdb_kaigiroku.nsf/html/kaigiroku/026518620140807009.htm〉(2016.8.29 リンク確認)

7 　野呂香代子(2015b)。

8 　野呂香代子(2015a)。

9 　ジークフリート・イェーガー(2010)。野呂香代子(2014)。

10 　注8を参照。

11 　はたともこブログ〜 2014.11.7鹿児島県・伊藤祐一郎知事「川内原発再稼働」記者会見。11月15日(ブログ記載日)
〈http://blog.livedoor.jp/hatatomokodoor/archives/41307779.html〉(2016.8.29 リンク確認)

12 　熊谷徹(2012)、pp.57–62。吉田文和／ミランダ・シェラーズ編訳(2013)、pp.8–9。

13 　テウン・ヴァン・デイク(2006)、p.197、p.227。ルート・ヴォダック(2010)、pp.105–107。

14 　UPZ (Urgent Protective action planning Zone：緊急時防護措置準備区域のことである。
電気事業連合会「電力用語集：UPZ」

〈http://www.fepc.or.jp/library/words/genshiryoku/anzen/kakusan/1225444_4576.
html〉(2015.9.15 リンク確認)

15 グリンピースホームページ「川内原発「住民説明会」市民参画レベルは世界最
低？」(2014 年 10 月 10 日)
〈http://www.greenpeace.org/japan/ja/news/blog/staff/blog/50932/〉(2016.8.29 リンク
確認)

16 Synodos「「国民的議論」をいかに進めていくか—ドイツ倫理委員会の実情と脱原
発へのプロセス：ミランダ・A・シュラーズ氏インタビュー」2012 年 7 月 27 日
付。
〈http://synodos.jp/international/1553/2〉(2016.8.29 リンク確認)

17 Gollob, Krapf, Weidinger (eds.) (2010)、p.9。

18 たとえば、子供向け教材として参考文献リストの最後に載せた "POSTERS" があ
る。

19 たとえば、野呂香代子／三輪聖(2015)。

20 2016 年の参議院議員選挙の際にも同様の動きがあった。

21 岡田哲伏(2013)。野呂香代子(2015b)pp.229–239。

22 ロベルト・ユンク(1989/2015)。

23 本書のもととなったシンポジウムでの発表後、司会者の名嶋氏から「対抗する談
話」について次のようなコメントをいただきました。「最後の対抗する談話とい
うのは、多分誰かから授けてもらうものじゃなくて、その言葉をきっかけにして
読み解いていって、それぞれ一人一人の中に対抗する談話というものをつくり、
それをコミュニケートしていくことで、大きくつなげていくことで大きな対抗す
る談話というものになっていくのではないかというふうに思いますので、やっぱ
り情報を一人一人が読み解いていくというところから何か第一歩が始まるんだな
というような感じで、司会の私も聞いていました。」

参考文献

ジークフリート・イェーガー著、山下仁訳(2010)「談話と知」ルート・ヴォダック／
ミヒャエル・マイヤー編著、野呂香代子監訳『批判的談話分析入門』pp.51–
91、三元社

今中哲二(1999)「原発事故による放射能被害—40 年前の被害試算—」『軍縮問題資料』
1999 年 5 月号(No. 223)pp.20–25。
〈http://www.rri.kyoto-ac.jp/NSRG/seminar/No110/GUNSHUKU9905.pdf〉
(2016.8.29 リンク確認)

ルート・ヴォダック(2010)「談話の歴史的アプローチ」ルート・ヴォダック／ミヒャ
エル・マイヤー編著、野呂香代子監訳『批判的談話分析入門』pp.93–131、三元

社

岡田哲仗(2013)『三宅洋平　選挙フェスのつくりかた』8com Entertainment

熊谷徹(2012)『なぜメルケルは「転向」したのか』日経 PP 社

食品と暮らしの安全基金・古長谷稔(2006)『放射能で首都圏消滅』三五館

テウン・ヴァン・デイク(2006)「談話に見られる人種差別の否認」植田晃次／山下仁
　　編著『「共生」の内実』pp.187–232、三元社

野呂香代子／山下仁(2012)「読めたのに読み解くことのできなかった原発安全神話」
　　『ことばと社会』編集委員会編『ことばと社会 14 号』pp.160–191、三元社

野呂香代子(2014)「批判的談話分析」渡部学／山下仁編『ドイツ語の社会語用論』(講
　　座ドイツ語学　第 3 巻)pp.133–160、ひつじ書房

野呂香代子(2015a)「『環境・エネルギー・原子力・放射線教育』から見えてくるもの」
　　名嶋義直・神田靖子編『3.11 原発事故後の公共メディアの言説を考える』
　　pp.53–100、ひつじ書房

野呂香代子(2015b)「「硬直した道」から「やさしい道」へ」義永美央子／山下仁編『こ
　　とばの「やさしさ」とは何か』pp.209–240、三元社

野呂香代子／三輪聖(2015)「学習者の日常を取り入れた活動とは？—経験知重視の対
　　話に基づく授業設計」ドイツ語圏大学日本語教育研究会『Japanisch als
　　Fremdsprache』Vol. 4、pp.26–43。OSTASIEN Verlag
　　〈http://www.japanisch-als-remdsprache. de/jaf/004/JAF_004_3.pdf〉(2016.8.29 リ
　　ンク確認)

ロベルト・ユンク著、山口祐弘訳(1989/2015)『原子力帝国』日本経済評論社

吉田文和／ミランダ・シェラーズ編訳(2013)『ドイツ脱原発倫理委員会報告—社会共
　　同によるエネルギーシフトの道すじ』大月書店

Gollob, Rolf. Krapf, Peter. and Weidinger, Wiltrud. (eds.) (2010) *Educating for Democracy*.
　　Council of Europe.

"POSTERS", Council of Europe HP, Education for Democratic Citizenship and Human
　　Rights Education (EDC/HRE): Human Rights and Democracy Start with Us-
　　Charter for All.
　　〈http://www.coe.int/en/web/edc/charter-for-all〉(2016.8.29 リンク参照)

【資料2】鹿児島県・伊藤祐一郎知事「川内原発再稼働」記者会見（2014年11月7日）

司会：まず最初に、県政記者クラブ青潮会幹事社の方から、質問をお願いいたします。

MBC記者：幹事社のMBC南日本放送、城光寺です。この川内原発の再稼働については、やむを得ない、ですとか、あるいは、政府の方針を理解するといった、こういった比較的ソフトな表現かな、と思うんですが、これは今日の県議会の採決でも、反対派の方が沢山押し寄せたり、あるいは、県民の意見が二分するような大きな問題であったということもあると思うんですが、そのあたりの影響っていうのはあるんでしょうか。

知事：原子力発電所につきましては、いろんな意見の方がいらっしゃいます。賛成する方、反対する方、いろんな方がいらっしゃいますので、一律的に賛成という立場はなかなかとりにくいのかな、と思います。ただ、私としては、諸般の情勢、先ほど言いましたような諸情勢でありますが、それを総合的に勘案いたしますと、やはり、あとしばらく、当分の間は、原子力発電所の活用をせざるを得ない、と考えておりまして、そういう意味でやむを得ないという言葉を今回は、使わせていただきました。

MBC記者：あともう一点、昨日の特別委員会でも、あったんですけれども、知事の、この、同意による責任ということについてはどのようにお考えでしょうか。

知事：一連の過程の中で私も一定の役割を果たしております。そしてまた、大変重い判断をすることになりましたので、私自身、身を引き締めて、今後、どういう形で、私が十分に役割を果たせるのか、考えていきたいと思います。いろんな事象が今後、起こることも考えるわけでありますので、それに対しまして、私自身、厳格な気持ちで臨みたいと思います。

MBC記者：ありがとうございました。

司会：それでは各社さんから質問をお願い致します。挙手をお願いいたします。

39	朝日新聞記者：朝日新聞の小池と申します。まず、一つおうかがいした
40	いんですけれども、地元の同意の手続というのは、法的に定められた中
41	味っていうのはないんですけれども、今回知事のやむを得ないという、
42	あと理解するというところをとって、知事が再稼働に対して同意したと
43	いうふうにみてもよろしいんですかね？
44	
45	知事：同意っていうのは、法的な要件になっていないというのを考える
46	と、必ずしも同意という言葉で整理しなくてもいいかと思いますが。先
47	ほど申し上げましたように、川内原子力発電所について、九電に対して
48	は、事前協議に対して了承、そして国に対しては、理解するという言葉
49	を使いますので、そういう意味で、今回は、やむを得ないという言葉を
50	使ったということでありますね。
51	
52	朝日新聞記者：同意という言葉を使わなかったというところに、何か理
53	由っていうのはあるんですかね？
54	
55	知事：先ほど言いました通りです。いろんな意見があるので、一律に簡
56	単に同意とは言えないよね、と、しかし、我々が置かれている状況を考
57	えると、我が国の、少なくとも、この当面の判断としては、原子力発電
58	所の活用する以外に道がないというか、そのほうが国民全体のいろんな
59	ことを考えた時に、それが、ベターだよね、ということで、やむを得な
60	い、という言葉を使った。そういうことですね。
61	
62	司会：他にご質問のある社はございませんか？　はい、お願いします。
63	
64	南日本新聞社記者：南日本新聞社、雪松です。今回の判断は、非常に重
65	圧のある、かかる判断だったかと思うんですけれども、今回の知事の判
66	断というのが、日本の原子力政策の、福島原発事故以降のですね、どう
67	いう位置づけになるっていうような、ご見解をもっているか、教えてい
68	ただきたいんですけれども。
69	
70	知事：非常に抽象的な質問ですので、なかなか簡単にはご説明しにくい
71	んでありますが、私自身は、福島であれほどの不幸な事故が起こりまし
72	た。従いまして、安全神話が全部崩れ、大変な状況に至っていることは
73	確かであります。ただ、我が国の置かれているいろんな諸般の状況を考
74	えた時に、先ほど言いましたように、今後暫くの間は、いずれにしろ、
75	原子力発電所を活用せざるを得ないという、私は我が国の状況は変わら
76	ない、と思ってまして、そしてまた、それに、着実な形で、進んでいく

のが、我々と我が国にとっては、大変大切なことだというのは、ずっと、そう考えておりました。これは、皆さん方ご案内のように、第三期目の選挙の時に、私はわざわざ再稼働は必要だという言葉は、皆さん方に訴えて、選挙をさしていただきました。あの時点であそこまで言う必要なかったんでありますが、やがてこのタイミングは来るというのはわかっていましたので、あえて、皆さん方に何故必要かという話、実は今日説明したような内容を、選挙のときにずっといろんな地域で、お話をさしていただきました。ただそれでも、若い女性の方とか、一般女性の方は非常に原子力発電所の再稼働について厳しいかと思います。ただ、先ほど言いましたような我が国の今後の原子力政策、エネルギー政策にも関連いたしますが、考えると、本当に暫くの間は、原子力を有効活用する以外にない、と考えておりまして、そういう意味で、その新しい時代に向かっての、原子力発電を、エネルギーとして、我が国の基幹的なエネルギーの一つとして使うという方向についての、一つのきっかけになるかもしれませんね。ただそれが今後どういう形で、全体のエネルギー政策の中に評価されるのは、まだまだ時間をかけて、検討すべきテーマだと私は考えてます。

司会：他にご質問ある社は？

知事：ま、どなたでも。先に発言した人が。はい、じゃ、どうぞ。

毎日新聞記者：毎日新聞の津島です。お疲れ様です。審査書がですね、確定してからですね、わずか2ヶ月という期間、非常に急いでるんじゃないかという声を県議さんの中からも聞かれたんですが、その知事の見解とですね、この同意にいたるまでのですね、プロセスが、今後例えば他の審査に合格してくる原発が出てくるだろうことが予想される中で、他の立地自治体、他府県にですね、どういう影響を与えるか、知事のお考えを言って下さい。

知事：同意のプロセスが拙速ではないかという批判は当然にあるかと思いますが、私の頭の中では、3期目の選挙をやった2年ちょっと前からのテーマでもあり、県議会等々でもずっとその質問を受けてまいりました。そしてまた、審査書が出されてからも、一年以上の年月が経過してまして、この間もずっと今回の審査書が出てきた後の事態をシミュレートしてます。従って、その後、住民説明会、等々の対応をとったわけであります。ただ、極めて内容が専門的なので、まずは避難計画から入ろうということで、避難計画は25回開催さしていただきました。そして

115 5回にわたる説明会、これも一般的に広報してるんでありますが、なか
116 なか人が集まらないとか、十分に会場が埋まらないという事情がござい
117 ました。ただ我々としては、今の諸手続の中で、考えられる最高の説明
118 会は、最大レベルのですね、持ったと思います。そして、よその所で、
119 このような説明会ができるかっていうと、私は必ずしもそんなに簡単に
120 いかないのかなと思ってます。そうとうな根回しをした上で、そうとう
121 の準備をして臨んでますので、簡単に説明会一つとってもできるわけで
122 はありません。そういうのを重ねながら今回の結論に到達したというこ
123 とでもありますので、一旦、手続きが進みますと、私は拙速をいとわず
124 的確に迅速に進めるというのが私の行政の哲学でもありますので、その
125 際は、県議会でもああいう形でお願いをして迅速な手続きをとらさして
126 いただきました。実は、いろんな、周りに、いろんな動きがありますの
127 で、やはり、ここはあまり時間をおいて判断すると、かえっていろんな
128 事態を招来する可能性もあるので、やむを得ないのではないのかなと思
129 います。従って、先ほどの他の原発へ影響が、どういうことを考えてる
130 のという質問ですが、一般的に先行事例なのは確かなんでありますが、
131 鹿児島と同じような形では私はできないと思ってまして、それぞれの地
132 域ごとに、地域において一番適切と思われる判断をなさるのがいいのか
133 な、と思うんですね。非常に一般の説明会とか、そういうのは当然に要
134 請されるかと思いますが、それはそれぞれの地域地域で知恵を出して、
135 一定の結論に到達していただきたいと思いますね。
136
137 司会：他に質問のある方？
138
139
140 西日本新聞記者：西日本新聞の湯之前と言います。何点か質問さしてく
141 ださい。
142
143 知事：1，2，点に限りましょう。
144
145 西日本新聞記者：2点ぐらいお願いします。知事は、選挙の時に、将来
146 的には脱原発とおっしゃってました。で、今回、やむを得ないとか、あ
147 るいは同意という言葉を使わなかった裏には、そういった思いがあるの
148 かどうかということがまず一点。それからもう一点が、今回、住民の
149 方々の中で、避難計画がまだ不十分であるとか、あるいは要援護者の避
150 難計画が不十分である、それから地元同意の範囲がはっきりしないと
151 か、いろんな矛盾点が出てきました。ここについて、あらためて知事の
152 見解をうかがいたいんですけれども。

知事：前の選挙の時には、脱原発に向かって模索するという言葉だった
でしょうか。そういう言葉です。先程は国の方のエネルギー基本計画を
使いまして、原発に対する依存度をなるべく下げるみたいな、そういう
話で説明したと思います。で、原発の活用をどういう形で考えるか、国
によっていろんな考え方があろうかと思いますが、福島っていう大変な
事故を先例として持った我が国として、いずれもう少し、原子力発電所
について見直しをせざるを得ない時期が私はくるのではないのかな、と
思ってるんですね。2022年にドイツは脱原発ということで、原発を全
部停止するということに今のところはなってますが、そういう形には簡
単にはいかないと思いますが、時間を考えてみると、別の代替エネル
ギーが出てくる可能性はあるんですよね。だから要するに、極めて超高
性能の蓄電池でも開発されれば、そこからまた大きく変わったり、エネ
ルギー問題というのは皆様方ご案内のように、時代時代で大きく変わっ
てきていますので、それがいつのタイミングなのかっていうのが、見届
けられない、ちょっともどかしさはあります。そしてまた、人類はずっ
とこの原発に依存するような、そういう生活はしないほうがいいのか
な、とも思ってまして、そういう意味で、当分の間は仕方ないけど、と
いう言葉で、やむを得ないという言葉で、を使わしていただいたという
ことですね。だからいろんなニュアンスが、やむを得ないという言葉の
中には、含まれているという理解をしていただければと思います。それ
から、いろんな批判もいただきました。避難計画が不十分でありますと
か、同意の範囲とか、これも幅広く斟酌しなきゃいけない面もあるんで
ありますが、避難計画等については、私は鹿児島の地域、案外、スムー
ズに進んでいると思っているんです。と言いますのは、今回の避難計
画、避難計画に基づきまして、あとごく限られた分野、要援護者の支援
計画等ですね。これも来年の2月ぐらいまでにはでき上がるのではな
いかと思いますので、フルバージョンで、一応、避難計画は出来上がり
ます。その次は、その実効性であります。実効性について交通の問題と
か、収容施設の問題等々指摘される方がいるんでありますが、私はそこ
はですね我が国はいろんな災害等々が多発する地域であり、結構、先行
事例を持ってます。この前の広島のあの大水害の時に、ただちに自衛隊
が動き警察が動き、全国から支援が届き、国全体のパワーが動きまし
た。そして的確な避難に導いたのではないかと思いますが、これから多
分原発等々の事故が起こるとですね、そういうことであって、あんまり
手段でありますとか、マイナーな話は私はあんまり心配する必要がない
と思います。何よりも実際避難するのに相当の時間的な余裕がありま
す。これは今回の審査、規制委員会等の審査を受けた、合格したその原

発がどういう形でその後炉心等々が変化するかという時間軸で追っていくと、実際、結構時間があるので、そういう意味で、ゆっくり動けば良い。はたまた、もう一つは、実は、ちょっと専門的な話になって恐縮ですが、まあ要するに今回の制度設計というのは100万年に一回の事故を想定するわけですよね。そして、そのときは、100テラベクレル、それをおんなじ条件で同じような事故が川内に起こった時にどうなるかっていうのは、実は5.6テラベクレル、そうすると、炉心から5.5kmのところは、毎時5マイクロシーベルトなんですよね。5マイクロシーベルトというのは、20でもって初めて避難ですから、動く必要がない。家の中にいてもいいし、普通に生活してもいいっていう、そのレベルの実は、放射能しか人に被害が起こらない。5マイクロシーベルトというのは、一週間ずっと浴び続けて、胃の透視の1/3くらいの放射能ですね。実はそこまで追い込んだ制度設計をしてるので、時間もあるし、避難計画が実際にワークする、そういうケースもほとんどないだろうし。まず、それが多分、あと川内原子力発電所10年、ま、そのすぐあととある（止まる?）かもしれませんが、において考えると、大体それでカバーできるのかな、と内心、思ってます。それとこの同意の範囲、従って同意の範囲も従来のスキームでいいと、ありとあらゆる、今まで議論してきました。立地の市町村、立地の市、ないしは県は、相当の知的集約もあります。ですから、それを一律に拡大すると、極めて原子力発電所について、理解の薄いところ、知識の薄いところで、一定の結論を出すというのは、必ずしも我が国の全体をまとめる上において、錯綜するだけで、賢明なことでは私はないと思うんですよね。UPZ11人ですよね、姶良市、あそこは反対、反対決議っていうか、廃炉決議をしました。そういうことが起こるんですね。廃炉決議を11人のUPZのところでしたからといって、廃炉するのかね、という、そこのところの全部の集約を考えると、鹿児島県においては従来からの蓄積もあり、鹿児島県と薩摩川内市でいいだろう、そしてそれは、九電の社長さんが全部の首長さんをまわりましたときに、大体首長さんレベルはそれで、それでご了解を頂いていると思うんですよね。そこはだから皆さん方の個別の取材と、実際に、社長さん市長さんとの会話、私と市長さんとの会話等々が、若干ずれてるテーマではないかと思いますね。あと、せっかくですから、鹿児島県以外から来られた方からの、質問をどうぞ。

新聞赤旗記者：どうもありがとうございます。新聞赤旗の原田と申します。東京から来ました。よろしくお願いします。
一つにしぼりたいと思いますけれども、伊藤知事は先ほど、同意という言葉を使わないで、やむを得ないという表現を使うんだということで、

229 そういうニュアンスにもこだわって、おっしゃられてるということはよ
230 くわかりましたけれども、そういう伊藤知事がですね、今回の見解の中
231 で、第六番目で最も重要な住民の理解についてであります、ということ
232 でね、おっしゃってるわけですけれども、私も東京からですけれども取
233 材にきて、いろいろ説明会も取材しましたし、聴きましたけど、アンケー
234 トの項目、これ理解できなかったところに丸をつけるということになっ
235 てましたねえ、それで、理解できなかったっていうのは平均で3割、
236 29％だということで、あと残り7割、まあ理解したという解釈で、概ね
237 理解されたということでいいんだと、こういうふうにおっしゃったと思
238 います。これほど自らの言葉についてもですね、ニュアンスを大事にさ
239 れてですね、表現を気にされる方がですね、どうして住民のですね、理
240 解しなかったというのを、全部、理解できなかったというのに丸をつけ
241 なかったら理解すると、普通どんなアンケートでもよくわからないとか、
242 わからないという中間的な人が大概いるわけですよね。その人全部ひっ
243 くるめて理解したというふうに解釈するとは、これはどういうことかな、
244 というふうに思うんですれけども、是非ご見解を聞かせてください。
245
246 知事：私の部下ども、部下の皆さん方が、今回の数字で、十分に理解で
247 きたと胸をはって答えてくれました。実は、サイトサイトによって答え
248 が違いました。薩摩川内とそれ以外のところと。やっぱりあとになるほ
249 ど、理解できなかったというパーセントが多くなりましたね。そしてま
250 た市町村、市ごとにも分析をしてみましたが、市ごとでも違います。そ
251 して実はですね、アンケート、大体、有効1900ぐらいですね。そのう
252 ち350はですね、全部ペケなんです。18〜19％になりますか。1900の
253 うちの350ですから18％前後でしょう。ということは、その方々、全
254 部ペケっていうのはですね、理解するとかしようとか、そういう意志の
255 ない方という形で判断せざるを得ないんですよね。全部ペケです。それ
256 はもう最初から、もうそんなの理解するつもりもないし、もともと原発
257 反対だという方々の意志の固まりの表現かと思いますので、そういうの
258 を割り引いてみると、実は30数パーセントというのもね、もう少しい
259 い数字になるのかもしれない。ましてや薩摩川内では10％台ですので、
260 そういうのを含めて、総合的に勘案した話なんです。大体1時間、丁
261 寧に書いていただきました。そして私どもが実はわかっていただきた
262 かったのは、100名以上の方が一年以上かけて、規制委員会という我が
263 国の産業技術、要するに、産業の、要するに、なんでしょうかね、技術
264 の安定性っていうか、そちらについて最高の方々が一年以上かけた、そ
265 の項目について、どれだけ努力をしたかっていう、その努力のですね成
266 果みたいなもの、努力をやったということを皆さん方にわかっていただ

ければ、それで十分なのかなと思っていたんです。いろんな方がいらっ
しゃいますので、個別のテーマについて、ましてや原子炉の中味とか、
格納容器とか、構造がわかってないとなかなかわからない、シビアアク
シデントのところなんか特にそうかと思いますが、まさにだからそうい
うところはどんどんペケが多くなるんだけれども、ただ、あれだけの真
面目な方々が、一年以上かけて、あれだけの作業をやったというのは、
やはり、我が国にはこれまでありませんでしたし、それはそれなりの私
は成果があるんだろうと思うんですよね。そしてその成果が、その成果
が、先ほどいった、もし薩摩川内で福島と同じようなことが起こった時
に、どれぐらいの、5.6テラベクレルの、例の5マイクロシーベルト、
先ほどいったような、そこまで追い込んでもらったというのは、私は規
制委員会に感謝したいと思いますし、そういうような努力のあとを、皆
さん方にわかっていただきたかった、それは静かに聴いていただいた
方々には、私は案外浸透したんではないかと思いますね。

知事：もうひとり、県外からの方。じゃ、一番手を挙げている方。

電気新聞記者：電気新聞の近藤と申します。よろしくお願いします。
大変緊張感ある中での決断だったと思われますが、鹿児島とか九州だけ
の話ではなくてですね、日本の国益というものが、今回の判断の基準に
なったのかどうかということをおうかがいしたいのとですね、もしそれ
が基準になったのであれば、それは今回の決断にどのくらいのウェート
を占めていたのかということをお聞かせください。よろしくお願いしま
す。

知事：大変、難しい判断なんです。反対の方も多いので、大変難しい判
断なんですが、私の頭の中では終始一貫してました。先ほど言ってるこ
とであります。この資源の限られた日本という国の中において、今の国
民生活のレベルを守り、産業生活の活性化を図るためには、どうしな
きゃいけないか、もちろん安全性が前提なんだけど、その安全性が、も
しある程度約束されるのであれば、やはり、先ほどから言ってます、暫
くの間は原子力発電所の活用というのは、やむを得ざる選択だろうとい
うのが私の判断でもありますので、淡々とやったという感じですよね。
私の頭の中では、どうこう、例えば、そもそも鹿児島が先頭をきるって
いうことは予想をしてなかったわけですので、三ヶ所ぐらい一緒にする
のかと思ってたら、よそのとこがちょっと時間がかかったので、たまた
ま私のところが先頭に出てしまったというだけですので、何らそこには
気負いもてらいもありません。淡々とやらさしていただきました。そし

305 て私自身としては、私の持ってる知識では、識見では私の選択は今の時
306 点においては自信があります。ただそれが、今後、長い目で 10 年 30
307 年のタームで見たときにどういう形で変化をするかは、まだ予断を許さ
308 ないというか、まだわからない分野もあると思ってます。以上ですね。
309 じゃ、最後にもう一人。じゃ、一番最後の方。
310
311 IWJ 記者：IWJ のほそいと申します。先ほど、なぜ、今なのかという
312 お話ありましたけれども、やはり避難計画、練り直しながらもですね、
313 完成してから、でないのか、あるいは、火山学会の提言も含めて規制委
314 の審査もまだ終わっていない中でですね、少しこう急いでいらっしゃる
315 ように見える、もう一つ、知事さきほど、ご自身の責任ということをお
316 話になりましたけれども、ご自身としてお気持ちは決まっていたという
317 話もありました。淡々とというお話ありましたけれども、その一方で、
318 昨日のあの原特委の例えば答弁なんかでも、例えば国が、政府が、大臣
319 が、あるいは九州電力がと、いうお話で、もう一つですね、県がしっか
320 りと県民を守るんだ、知事はそういうこともホームページでもうたって
321 らっしゃいますけれども、県と県民の命を守る生活を守る、そうした部
322 分のですね、もうひとつお気持ち、あるいは具体的な姿勢というのが、
323 見えにくいかな、と、もう一つ、今回、それが表れたのが、昨日の原特
324 委などもですね、ほんとは、例えばインターネットで、中継するとかで
325 すね、今これは、インターネットで生中継しておりますけれども、ある
326 いは本日の本会議でもかなりの方が入れなかった、かなり反対派の方
327 が、来てらっしゃるということもあって、ものものしい状況もありまし
328 たけれども、締め出すといったらあれですけれども、インターネットで
329 配信もされない、そういうところでかえって、不信感を招いてしまって
330 いる、もし本当にもう‥
331
332 知事：もう結構ですので、もうやめましょう、長くなって演説になりま
333 すので。いろんなことおっしゃいました。それであの、要するにもう少
334 し、県民ともう少し向かい合って、作業進めるべきではないかと、さき
335 ほど言った拙速な話ですよね。国民の命を守れ。いかにも原発を稼働す
336 ると国民の命を守れないような、そういうプロパガンダが大いに行われ
337 てます。ただ、私はやっぱり規制委員会というあれだけ素晴らしい方々
338 が集まった組織、やはりあの組織も自分の任務に極めて忠実で、相当時
339 間をかけてですね、原発の再稼働についてその安全性を徹底的に追求し
340 たと思うんです。その数字の結論が先ほど言った数字です。もし、福島
341 みたいなことが起こっても、放出量は 5.6 テラベクレル。そして、5.5
342 キロのとこでは、5 マイクロシーベルト。もう命の問題なんか発生しな

いんですよね。私はそちらのほうを信じます。あれほどのことをやって、その結果として、またサイトを見ましても、大容量の発電量をもった電気自動車とか、素晴らしいものが、素晴らしいといいますか、すごく膨大なものが、今、置き場においてありますが、よくぞここまでのことをやったのかな、というのがありまして、そういう意味で、一概に、やれ、国民の生命を守るとか守らないとかというのには、あまり与さないんです。それよりも全体を見たときに、どういう判断をすべきか、この原発の問題はシングルイシューではありません。原発だけの稼働の問題ではなくて、ある意味でいえば、我が国全体をどういう形で、運営していくのかっていうテーマでもあります。それは県にとっても同じ話であります。国のほうに振り向けているようなことを言ってますが、国と県とそれから事業者が一体となって動く以外にない、ただもし万が一のことがあったら、今、福島はそういう形になってますが、やはり国は、もともとエネルギー政策の基本的な責任を負う役所でありますので、最終的な責任は、やっぱり国にあるのかなあというのが、私の受け止め方であります。それから広報の問題。これはインターネットの話は、実は説明会の時もありました。なぜ説明会をインターネットで中継しないか、それは簡単なんですよね。簡単って言いますのは、説明会をやってですね、何が起こるかわからないという、問題を抱えつつ、実は説明会やらざるを得ません。反対派が大量になだれこんで、説明会できないこともある。そういうありとあらゆることを考えると、やはり今回は直接来られた方々に、UPZの圏域内であるし、公に公募いたしましたから、その方々をともかくターゲットとして我々が説明会、説明をすべきという立場に立ってますので、そういう意味で、インターネットは使わなくてもいいのかな、ということであります。もとよりですね、幅広く、じゃ原子力政策全般について川内原子力発電所の安全性について、もう少しちゃんと説明しなさいよというのであれば、それはもう県民全体を対象にして、例えば鹿児島市の大きいホールでやるとかいうのはですね、これから一年以内にはやるんでしょうね。そういう形で広く県民の方にはPRをする、そういう、今、基本的な考え方でおりますので、ちょっと今ご指摘の点と私の考え方は違うんですけど、私どもとしては一生懸命、誠実にやらしていただいたつもりであります。あと最後の方、あとまた青潮会に帰りましょう、で、青潮会であとまだ質問してないのは、あなた？

読売新聞記者：読売新聞の丸山です。電気事業者の九電についてなんですけど、これまで、安全審査、合格してから、九電の県民に直接説明が足りないんじゃないかという批判もあったりしたんですけれども、再稼

働の取り組み、続けてきた知事にとって、九電、電気事業者のこれまで
の姿勢ですね、このへんをどう評価されているのかっていうことと、今
後別の自治体で同じように手続きが進む中で、なんかこう電気事業者が
取り組むべき課題とか、そういうのがあれば、感じたところがあれば、
教えていただきたいんですけれども。

知事：九州電力さんが最終的にどういう形で動いておられるか、必ずし
も承知を致しておりませんが、ひとつ、記者会見等でお話をしてたの
は、安全協定を九市、川内のぞきますから、8市ですか、8市町で、提
起されておられますので、そこについては、当然九電のほうから説明が
あるんでしょうね、というお話をさしていただきましたが、社長さんが
それぞれの首長さん方に直接会って、お話をされました。丁寧に多分、
九州電力のですね、いろんな安全政策について説明があったんだろうと
思います。それで、聞くところによると、九州電力はもう少し個別の
ね、個別のちっちゃなグループ単位で説明会をするような話もきいてま
すので、それが今後、また今後の過程の中で、取組まなければいけない
テーマだろうと思うんですね。九州電力本社があり、かつまた、九州支
社があり、鹿児島支社がありっていう形になってますが、ともかく、す
さまじい審査書を出さざるを得なかった。何万ページでしょうか。皆さ
ん方ご案内のように、すさまじい作業量があったので、そちらのほうは
若干うすくなっても仕方ない、と思ってますが、これからは人的な余裕
が生ずると思いますので、その過程においては、やっぱり、大変難しい
テーマでもありますので、原子力発電については、幅広く地域住民の方
に説明していただきたいと思いますね。
もうよろしいんでしょうか。

司会：それでは以上で会見を終わらしていただきます。ありがとうござ
いました。

知事：じゃ、どうもありがとうございました。

（文字起こし：はたともこ）

はたともこブログより一部掲載、一部表現・表記・レイアウト変更
〈http://blog.livedoor.jp/hatatomokodoor/archives/41307779.html〉
11 月 15 日（ブログ記載日）（ダウンロード：2014 年 12 月 21 日）

原発事故と原発をめぐる新聞の姿勢
—何が本当のところか—

神田靖子

1.　はじめに

　ここでは原発事故と原発をめぐる新聞社の姿勢について述べたいと思います。週刊誌によくあるように「何が本当のところか」というセンセーショナルな副題をつけてありますが、決してそのようなものではありません。ほとんどのメディアがある事柄をめぐって一定の意見形成を目指していることは周知の事実で、誤った報道をしないまでも、ある情報のみを伝えて読者を誘導するということがあります。つまり、メディアはある情報について、その伝達者の観点から一定の情報に焦点を当てて伝えるため、その陰にある情報、あるいは別の観点からみた分析というものが隠されたり、伝えられなかったりすることがあります。そのため「本当のところ」や全容がわからないままになってしまうことが往々にしてあります。これが「何が本当のところか」の真意です。

　福島原発事故を契機に巻き起こった原子力発電の是非をめぐる国論はほぼ二分されたと言ってよいでしょう。ここでは意見の対立する2つの新聞を対象にして、どのような文言を使って読者を誘導しようとしているのかを、言語学的に探りたいと思います。

2.　原発推進派と脱原発・反原発派の新聞

　原発事故から5年近く経過したにもかかわらず、事故原因の究明は進ま

ず、汚染水の漏出は今も続いてまさに「アウト・オブ・コントロール」の状況にあり、2015 年 12 月現在、10 万人余の人々[1]が故郷を追われ、今もなお避難生活を続けています。しかし 2012 年に政権を奪還した自民党安倍政権は事故以前と同じ原子力政策に戻って、原発回帰を進めています。世論も事故を契機に、一時は脱原発の機運が盛り上がっていましたが、今は表立った運動は少なくなったようにみえます。本当に「喉元過ぎれば」で、原発事故の恐ろしさを忘れてしまったのでしょうか。あるいは原発そのものに対する疑念が薄らいだのでしょうか。

こうした世論の変化には様々な要因が考えられますが、1 つはメディアの情報操作にも原因があるのではないかと思われます。

原発事故後、原発に対する姿勢を鮮明にした日本の新聞では、原発推進派として読売新聞、産経新聞、および日経新聞があり、これらは事故後も積極的に原発回帰を進めようとしています。一方、脱原発派としては朝日新聞、毎日新聞、東京新聞などがあり、原発のない世界の構築を目指すという社説を掲げています。本章では、先に述べたように新聞が一定の誘導を行っているということを前提にして、原発推進派として読売新聞、脱原発派として朝日新聞をとりあげ、それぞれの社説を、「批判的談話分析」の手法を用いて言語学的に分析したいと思います。社説を取り上げる理由は、報道記事には微妙な差異はみられるものの社説は新聞社の意見を代表するものであり、均一な分析資料として収集が容易であることが大きいのですが、「新聞通信調査会」の調査では購読者の約 24％が社説を読むと答えており、別のデータでは約三分の二が読むか、見出しに接するという結果[2]を示しているように、読者に対する一定の影響力があるとみてよいでしょう。

3. 方法論

方法論として「批判的談話分析」（Critical Discourse Analysis、CDA と略）のアプローチの 1 つである Wodak (2001)、Reisgl and Wodak (2009) の「談話の歴史的アプローチ」（The discourse-historical approach、DHA と略）を援

用し、その枠組みを使って分析します。DHA は他の CDA とは多少異なり、その特徴は「学際的」であるといわれています。テクストには歴史的背景や社会状況といった背景情報が反映しているとして、さまざまな分野の理論や研究者、方法論などを統合して、利用可能な知識を分析に取り入れる点です。ここでは詳しい方法論は省略して、アプローチに示されている専門用語について、実際のテクストの文言を例文として挙げながら平易に解説することにします。

　まず(1)「ある問題をめぐってどのようなことが言われているか」をみます。DHA ではこれを「ディスコース」(discourse) と呼びます。(以下同様に専門語を（　）内に示します。また、discourse という英語は概念が広く、日本語では「会話、談話、講演、論説」などの訳語が当たります。また「言説」という語が相当する場合もあります。本論では訳出せず、そのままカタカナで表記し必要な場合、補足説明を加えます。例えば、原発をテーマとした場合、原発推進のディスコース、あるいは逆に人間と原発は共存しないため今ある原発は即時停止しよう、あるいは将来的には廃止していこう、という脱原発、反原発のディスコースなどがあります。日本語では「言説」という訳語が適当でしょう。「言説」という語は言語や社会を論じる際には、ミシェル・フーコーの言う「特定の社会的・文化的な集団・諸関係に強く結びつき、それによって規定される、言語表現、ものの言い方」を含意する語という意味となります。先の例でいえば、原発を推進したい人々が原発の利点のみを説くような物言いをしてそれが 1 つの社会的な流れになれば「原発推進の言説」と呼ばれるのです。ここでは「原発推進のディスコース」と呼んでおきます。

　次に(2)「どのような話題が取り上げられているか」(ディスコース・トピック) をみます。原発をめぐってさまざまなトピックが議論されています。例えば原発事故、核燃料サイクル、原発輸出、あるいは再生可能エネルギー、廃炉といった事柄で、非常に多くのトピックが挙げられます。

　次に見るのはあるトピックが、(3)「どのような形で議論され、述べられているか」(ジャンル) ということです。原発事故を例にとりますと、それに

関する政府発表だったり、高官談話であったり、「事故調査報告書」のような政府広報、あるいはそれについて伝える新聞記事やテレビ番組などが相当します。

　そして最後に(4)「何を分析対象とするか」(テクスト)ということです。ここでは社説をとりあげますが、分析対象となるのは新聞記事や政府高官談話、政府広報、あるいはインタビューなど、言語によって表されたものなら何でもいいのです。

　以上を言い換えれば、1つのテクストはあるジャンルの中の1つであるが、1つあるいは複数のディスコース・トピックを含んでおり、共存する他のジャンルのテクストと相互に複雑に関連し、影響し合っていると捉えることができます。逆にいえば、こうしたテクストの集合体がある1つの言説を作り上げているということが言えるのです。図解すると図1のようになります。実際は、ジャンル、ディスコース・トピック、テクストはより多くの線によってつながれています。つまり1つのテクストはそれらすべての影響を受けていると考えられるのです。

　では次に分析の際、何を考慮すべきかを考えます。まず最初は「状況のコンテクスト」です。これはテクストに反映する社会状況ということで、原発を例にとりますと、2011年3月に原発事故が起こり、多くの方が被災しました。事故当時政権を担当していた民主党は脱原発を掲げたのですが、2012年末には総選挙があって自民党が政権奪還をし、それに伴ってエネルギー政策の転換がありました。こうした社会状況が背景にあるということを念頭に置くことが重要です。次に「歴史的コンテクスト」をみます。1965年ごろから始まった日本における原発導入の歴史と社会の原発に対する世論、あるいは1986年に起こった旧ソ連におけるチェルノブイリ原発事故、あるいは地球温暖化対策の手段として原発を存続させる方に見直す契機となった1997年の「京都議定書」なども含まれます。こうした歴史的背景がテクストの執筆者の思考に影響を与えているということを勘案するわけです。

　以上の視点だけでは、社会学やメディア学などの分析と何ら変わるところ

原発事故と原発をめぐる新聞の姿勢　91

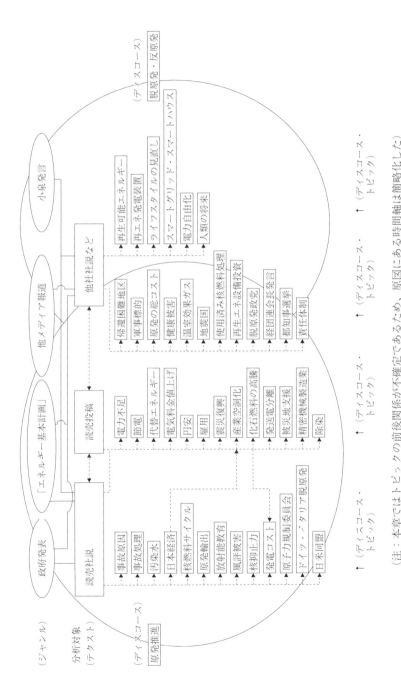

図1　原発をめぐる間ディスコース的関係　名嶋・神田（2015）、p.160
（注：本章ではトピックの前後関係が不確定であるため、原図にある時間軸は簡略化した）

がありませんが、ここから談話分析の手法に入っていきます。DHA特有の分析の着眼点について見ていきましょう。Wodakらは5つの談話ストラテジーというものを挙げています。原著では例として、分析対象となったオーストリアの記事に表われる固有名詞などが用いられていますが、ここではわかりやすいように日本語の例に置き換えました。

　最初は(1)「ある事物や事柄は書き手によってどのように呼ばれているか」(指名ストラテジー)を見ます。例えば「原発は<u>トイレなきマンション</u>」という場合、使用済み核燃料の処理方法が未定ということを取り上げたもので、原発に対する否定的評価を表します。「<u>砂上楼閣のごとき原発神話</u>」も否定的です。日本を「<u>科学技術立国</u>」と呼ぶと、日本の高い技術力を称揚することになります。原発から離れますが、戦時中に「全滅」のことを「<u>玉砕</u>」と読んだり、「戦死」を「<u>散華</u>」と言ったりしました。このように言葉を飾ることによって国民は戦争の悲惨な現実から目を逸らさせられていたので、このストラテジーを見ることは非常に重要な視点です。

　次に、(2)「ある事物や事柄はどのように描写されているか」(叙述ストラテジー)を見ます。「(原発即時ゼロを唱えた)小泉発言は<u>見識に欠ける</u>」「原発ゼロを唱えるのは<u>無責任だ</u>」という文では、「見識に欠ける」や「無責任」という否定的評価を含む表現や語彙から、この文の筆者は原発ゼロを評価していないことがわかります。このようにある語彙や比喩などによる肯定的あるいは否定的な叙述から筆者の評価が判断されるのです。

　その次に(3)「どのような論拠を用いて議論されているか」(論証ストラテジー)を見ます。ある主張はどのような根拠で論じられているかということで、議論学の概念である「トポス」(topoi)または「誤謬」(fallacy)を援用しています。

　「トポス」とは、結論と論拠を結びつける「結論規則」と言われるもので、「有用性のトポス」「危険のトポス」「財政のトポス」などがあります。Xの箇所に当該の語が入って「もしXであればyである」「yである。なぜならXだから」という形に書き換えることができます。「有用性のトポス」を例にとりましょう。「ある行為が有用であれば、人はそれを遂行すべきで

ある」と書き換えることができるので、例えば外国人労働者が国家経済にとって有用であれば雇うべきであるという結論になるのです。トポスの種類は分析対象の内容によって異なるので、任意に設定することができます。

Wodak (2001)には以下の15のトポスが挙げられています。

1. 有用性・優越性　2. 無用性・不利　3. 定義・名前の解釈
4. 危険と脅威　5. 人道主義　6. 正義　7. 責任
8. 負担、負荷　9. 財政　10. 現実　11. 数
12. 法と権利　13. 歴史　14. 文化　15. 悪用

「誤謬」とは、一般に抱きがちな誤った考えのことで、理屈が通らないような論証ではよく用いられることがあります。例えば相手の同情心に訴える「憐れみに訴える論証」、あるいは大衆に迎合するように訴える「大衆に訴える論証」、権威者の名前や発言を論拠として持ち出す「権威に訴える論証」、当該の論争とは関係がないのに、相手の私生活や個人的事情を持ち出して攻撃する「個人に訴える論証」などがあります。

　その次に(4)「どのような立場から述べられているか」(観点化ストラテジー)を見ます。「国民が知りたいことは」となると、政府対国民という図式が念頭にあることがわかります。「何々をしてもらいたい／いただきたい」などという表現からは行為を提供される側の立場から述べていることがわかります。また、「巨額の経費がかかるという」のような引用形式をみると、この情報が一次資料でないことがわかります。

　最後に(5)「主張はどのように強調されたり緩和されたりしているか」(強調緩和のストラテジー)を見ます。例えば「雇用不安をもたらす」であれば断定ですが、「かもしれない」がつくと推測になり、「であろう」がつくと断定が緩和されます。あるいは「4兆円にも」という強調の助詞を使って数字を強調するというストラテジーもあります。

　以上、5つの言語表現、(1)指名ストラテジー、(2)叙述ストラテジー、(3)論証ストラテジー、(4)観点化ストラテジー、(5)強調緩和ストラテ

ジー、に着目することによって、書き手が意図していることや、表立って述べてはいないが潜在的に持っている評価などが読み取れるのです。

4. 各紙の背景

　次に原発の日本への導入の歴史と原発に対する新聞の姿勢をみていきましょう。

　世界唯一の被爆国日本には当然ながら終戦直後、原子力に対する拒否反応がありました。ところが当時はアメリカとソ連が冷戦状態にあった時期で、時のアメリカ大統領アイゼンハワーは共産圏に対抗して資本主義諸国における核支配力を強化する目的で、世界各国に原発の売り込みを図っていました。そして日本においても「原子力の平和利用」(Atoms for Peace)と銘打ったキャンペーンを繰り広げたのですが、その中心となったのが、当時、読売新聞社主であり日本テレビのオーナーであった正力松太郎です。政界進出の野望を抱いていた彼は原子力をその道具として利用しました。1957年に原子力開発に政府予算がついて発足した科学技術庁では初代長官となり、後に「原子力の父」と呼ばれるほどに、日本の原子力政策を牽引していきました。こうした理由から読売新聞は一貫して原発推進路線を「ぶれることなく」歩んでいます。発行部数は2014年6月現在で956万部[3]という世界最高の部数を誇り、「日本の高級紙」と称して、その質を自負しています。読者が社会階層においても地域においても万遍なく分布しているのが特徴です。

　一方、朝日新聞ですが、日本に原発が導入されたころは他のメディアのほとんどがそうであったように、原子力の平和利用ということを容認していました。ところが、1986年のチェルノブイリの原発事故以降、原発に懐疑的な論調に変わってきたのですが、1997年に京都議定書が出されて以降、原発は温室効果ガス削減に有効であるということで反原発を声高に唱える論調にも少し変化が見られるようになりました。しかし、2011年の福島原発事故以降、再び脱原発を社説で明言しています。発行部数は2014年現在で

743万部で読売に次ぐ第2位、「日本のクオリティーペーパー」と称している新聞で、読者は都市部に多く、他紙より学歴の高い層が多いとのことです[4]。

　使用したデータベースは、読売新聞データベース「ヨミダス歴史館　平成版」、朝日新聞は「聞蔵Ⅱビジュアル・フォー・ライブラリー」で、ともに期間は2011年3月11日〜2015年2月10日、検索語は「社説＆原発」です。

5.　読売新聞社説の分析

　初めに原発推進派の読売新聞はどのような主張をしているのか、2015年1月18日付の社説をとりあげ、段落ごとに見ていきましょう。特に傍線部に注意してください。

①「全原発停止を終わらせよう」
　　◆電力安定供給の回復が急務だ
　　　安全性の確保を大前提に、原子力発電所の稼働ゼロに終止符を打つ。安価で安定した電力供給を可能とする最適な電源構成を構築する。
　　　東日本大震災後に揺らいだ電力供給体制の正常化に向けた重要な年である。
　　　安倍政権は、原発を活用する現実的なエネルギー政策を推進しなければならない。

　タイトルは「終わらせよう」ですが、「せる」という使役形には「自分の望む方向へ持っていく」という強制性があり、それを「よう」という勧誘を表す助動詞で読者に呼びかけています。次の「安全性の確保」の「安全性」の内容については後述しますが、次の「大前提に」という言葉から、「安全性の確保」はまだ確定した事実ではないことが示唆されます。次の「安価で安定した」は原発推進派の好む常套句ですが、何をもって「安価」とするか

が問題です。次の「最適な電源構成を可能にする」あるいは「供給体制の正常化」という表現から、現在の火力発電が大きな比率を占める供給体制が非正常だという前提があり、それを改めたいという決意が読み取れます。「最適な電源構成」という言葉がここで提示され、原発停止の状態が「非正常」であるとしていることから、原発による電力を含めたものをよしとしていることがわかります。次の「活用する」という語はある人や事物の能力を最大限に発揮させるという意味ですから、原発が今は眠っているが働かせたいということを言っています。「現実的な」は推進派が多用する修飾語で、先の展望はともかく、既設の原発があるという現実を考慮せよという主張です。

②■最適な電源構成を示せ

　　電力は「経済の血液」とも言われる国力の基盤である。安定供給を回復しないと、安倍政権の経済政策「アベノミクス」も、成功はおぼつかない。

　　政府は今月中にも、2030年の最適な電源構成の検討に入るという。各電源が長所と短所を補い合う「ベストミックス」を明確に掲げることが重要だ。

　　震災前、日本の電力は、火力発電6割、原発3割、水力を含む再生可能エネルギー1割という比率で賄われていた。ところが、東京電力福島第一原発の事故の影響で、定期検査を終えた原発を再稼働できなくなり、現在は全発電量の9割を火力に頼る状況になっている。

　　過度の火力依存の弊害は大きい。液化天然ガス（LNG）などの燃料費は、震災前より年4兆円近く増え、電気料金は企業向けが3割、家庭向けも2割上昇した。

　　燃料のほぼすべてを輸入しているため、巨額の国富流出が続いている。政情の不安定な中東への依存が強まり、エネルギー安全保障の観点で不安がある。温室効果ガスの排出量も急増した。

「血液」は生命の維持に必須のものであり、メタファーとして「金／金融

は経済の血液」といわれることがありますが、ここでは電力に置き換えて、その重要性を強調しています。しかしここでは東日本大震災後の経済の立て直しだけでなく、「アベノミクスの成功」につなげていることから、この社説は安倍政権の経済政策を支持していることがわかります。そして、それの実現のための電力供給には「最適な電源構成」、「ベストミックス」という言葉を繰り返し、その検討に賛意を示し、その次の文から「ベストミックス」とは何かという具体的内容を記述しています。震災前の電力構成では原発が3割であったが、「事故の影響で、(略) 原発を再稼働できなくなり」とあります。この「できない」という語が問題です。意志動詞の可能否定形は、例えば「(結婚したいが) 結婚できない」「死にたいのに死ねない」のように「〜することを望んでいるのにその状態が実現しない」ということを表します。つまり再稼働が望ましいのにそれが不可能な状態だといっていることが見て取れます。次に結果として火力に依存せざるをえなくなった結果について、単なる「影響」ではなく「悪い影響」という意味の「弊害」という語を用いています。燃料費が「4兆円」増加したことは事実ですが、この数字にはアベノミクスによる円安のために天然ガスや原油価格が上がったことも影響しています。

　次の「国富流出」に注目しましょう。国富は経済における「ストック統計」[5] の定義では「国富＝資産から負債を差し引いた正味資産に相当」とあります。ただここは一般向けの社説ですから専門用語の定義とは考えられず、一般的には「私たちみんなの財産」というニュアンスになります。「流出」という語は「頭脳流出」「美術品の流出」とは言えるように、「外に出てはいけないものが出ること」を表し、「食糧としての小麦や大豆輸入で国富が流出」とは言いません。つまり「せっかく原発があるのに動かさず、不要な燃料を輸入するために大切な資産が出ていく」という不満が読み取れます。ちなみに「国富」について2014年の大飯原発再稼働差し止め訴訟の判決で樋口裁判長は全く違った見解を示しました[6]。

　次の「エネルギー安全保障」とは、「一次エネルギーの8割以上を輸入に依存し、その輸送のほとんどが海上輸送によるという現状から、資源外交の

重要性を指摘するもの」で、原油や天然ガスは中東、しかも狭い海峡を通って輸入されるため、もし何かがあれば、日本への化石燃料の輸入がストップするということを考えてのことです[7]。確かに 1990 年の湾岸戦争の際は、国内消費量の 4 日分を民間備蓄から取り崩したとのこと[8]で、不測の事態への備えは重要です。最後の段落では「温室効果ガスの排出量も急増した」と、現在の火力依存の状態の好ましくない側面を並べ上げています。

③　　一方、太陽光や風力などの再生エネは国内で自給でき、地球環境への負荷が小さい利点がある。できる限り普及させたい。ただし、普及拡大のための固定価格買い取り制度は、コストが電気料金に転嫁され、利用者負担に跳ね返る問題がある。
　　　再生エネは、日照や風の状況によって発電量が急変するなど、多くの欠点も抱えている。現状では基幹電源とはなり得ない。
　　　原発は燃料費が安く、大量の電力を安定供給できる。政府が、原発を「重要なベースロード電源」と位置付け、中長期的に活用する方針を示しているのは妥当だ。

　この段落の初めには再生可能エネルギーについての利点を挙げています。「できる限り普及させたい」の「できるかぎり」という文言は震災直後の社説にはなかった表現で、再エネ拡充に関してやや変化が見えています。次の「固定価格買取制度」は再エネで製造した電気を電力会社が買い取り、その費用が消費者の支払う電気料金に上乗せされるシステムです。買い取り価格が高いため、電気代が高騰した事例はすでにドイツで問題になっていますが、普及量の予測に基づいて変更されることには触れていません[9]。さらに次から再エネの欠点を列挙した上で、「現状では基幹電源とはなり得ない」と述べています。「現状では」は、現実に目を向ける常套句です。そして次のパラグラフで、「原発は燃料費が安く、大量の電力を安定供給できる」と原発の利点を繰り返した上で、政府の方針を支持しています。ここで「ベースロード電源」という言葉と「中長期的」を念頭に置いて次のパラグラフを

見ていきます。

④◆再稼働へ政府は前面に

　喫緊の課題は、安全性の確認できた原発を、着実に再稼働することである。

　九州電力川内原発（鹿児島県）1、2号機は昨年9月、原子力規制委員会の安全審査に「合格」し、地元自治体の同意も得た。

　ところが、書類提出などに手間取り、運転再開は春以降にずれ込む見通しだ。九電はこれ以上の遅れを招かぬよう、準備に万全を期してもらいたい。

　第2陣の関西電力高浜原発（福井県）3、4号機は「合格証」に当たる審査書案が決まり、審査は最終段階に入っている。

　関電は今秋の再稼働を目指しているが、立地自治体だけでなく、隣接する滋賀県や京都府が事前に同意を得るよう求めるなど、不透明な要素も少なくない。

　宮沢経済産業相らは関電任せにするのではなく、地元の説得・調整へ前面に立つべきだ。

　再稼働に向けた安全審査を申請している原発は、このほかに16基もある。規制委は安全性を最優先しつつ、効率的な審査に努めてもらいたい。

　ここでは「喫緊」という言葉から「原発の再稼働」が急を要する事態であると考えていることがわかり、「着実に」からは失敗なく進むことへの願望がうかがえます。ふたたび「安全性の確認できた」が出てきます。再稼働をするには、2012年に新規制基準が制定され、既設の原発にも新規制基準への適合を義務付ける「バックフィット制度」が設けられました。各事業者は運転を停止している原発が新規制基準へ適合するように対策を行い、対策が整ったプラントから順次、原子力規制委員会へ施設や工事計画、保安規定などの設置・変更認可を行って審査を受け、「適合」となれば、立地自治体の

同意を得た上で再稼働を決定します[10]。再稼働するかを決定するのは電力会社であり、政府ではない点に注意しなければなりません。ところがこの社説では、「再稼働へ政府は全面に」と政府の介入を提案しています。川内原発はいわゆる「合格」(適合)が最も早かったのですが[11]、事務的な理由で遅れたことに対して、この社説では「これ以上の遅れを招かぬよう」という焦りにも似た表現を使っています。次の「第2陣」についても同様で、立地自治体だけではなく事故の影響が及ぶ周辺自治体からの要求によって再稼働が実現しそうにない状況を「不透明」として、宮沢経産相の介入を「べきだ」という強い当為表現(「なければならない」「べきだ」のような義務・責任などに対応するときに用いる語)で求めています。次の「16基もある」における「も」の意味をここでは強意と解釈すると、他にこれだけウェイティングリストに載っているんだから早くやれという含意があると見られます。そして規制委員会に対して「効率的な審査に努めてもらいたい」と述べています。「〜してもらいたい」は相手が ｜〜する｜ ことによって恩恵を受けることを意味する表現です。ここから審査を受ける立場から結果が早く出るのを願っていることがわかります。

⑤　　今後、古くなった原発の更新や新増設を一切行わず、運転開始から40年で原発を廃炉にする原則を厳格に適用すると、49年に国内の原発はゼロとなってしまう。

　これでは、原子力産業の将来が見通せず、原発技術を担う人材も育たなくなろう。これから30〜40年かかるとされる福島原発の廃炉作業にも支障が出かねない。

　最新の原発を開発し、運用することで、高い原子力技術を維持できる。政府は、原発を新増していく方針を明確化すべきだ。

　民主党政権によって作られた「原発は40年で廃炉にする」という原則について、「厳格に守れば49年にゼロになってしまう」と述べています。「てしまう」という補助動詞は「当該の事態が不本意である」という意味を持つ

ているため、この文から原発ゼロの状態を遺憾に思っていることが読み取れ
ます。その理由として、廃炉に必要な原子力技術を維持するには「最新の原
発の開発」があり、そのために「原発の新増設」が必須であるという論理を
展開しています。既存の原発を廃炉にするために新型原発の新設が必要とい
うのは本当かという疑問もわいてきます。原発新設について、安倍政権は発
足当初は「原発を低減する」と明言しましたが、2014年4月の「エネルギー
基本計画」では「原発ゼロ」は取り下げて原発の新増設も否定しなくなりま
した。この社説が出された時点では新増設の可能性について政府は明言して
いなかったのですが、3か月後の2015年4月に出されたエネルギー政策で
は電源構成比率において原発は22％という数字を出しました。この数字は
40年廃炉の原則に例外を求めた上、新設を考慮しなければ達成できない数
字なので、読売社説の期待通りになったことになります。

⑥■最終処分に道筋つけよ
　　電力不足に悩む新興国に安全性の高い日本の原発を輸出することは、
　日本の成長に資するだけでなく、国際貢献にもつながる。
　　エネルギー資源の乏しい日本にとって、使用済み核燃料を再利用する
　核燃料サイクルは必要な政策である。放射性廃棄物の容量削減など、メ
　リットは大きい。
　　ところが、日本原燃が青森県六ヶ所村に建設中の再処理工場の完成が
　当初予定から20年近く延期されるなど、計画の遅れは深刻である。着
　実な推進が求められる。
　　原発の活用では、放射性廃棄物の最終処分場の確保は避けて通れな
　い。候補地選定に道筋をつけることが肝要だ。

　次に原発輸出について述べています。ここでの指名ストラテジーに注目し
てください。「電力不足に悩む新興国」に「安全性の高い日本の原発」を輸
出すると述べています。事故を起こした福島原発は古いもので、今後製造さ
れるものが「安全性が高い」ということを前提にしています。しかし、たと

えこれから製造される原発が新規制基準に適合した「安全性の高い」もので
あるとしても、新規制基準自体が福島原発事故の原因究明が未完の状態で作
られたものであるうえ、不備があることも指摘されています（奈良本他
2015）。そのため、「日本の成長に資する」「国際貢献につながる」は、単に
願望を述べていることになります。

　最後に、原発につきものの使用済み核燃料の最終処分について言及してい
ます。日本を形容する表現として「エネルギー資源の乏しい」を繰り返し、
そのために既存の核燃料を再処理して使うことを提案します。ところが実際
は、六ヶ所村の再処理工場は 1993 年に建設されて以来、稼働に至っていま
せん。構造上の欠陥や度重なる事故のために建設計画自体が中止に追い込ま
れましたが、これまでにつぎ込まれた経費は 2.2 兆円にものぼります。20
年以上稼働していないということは建設中止に等しいのですが、たとえ完成
したとしても日本の原発すべての使用済み核燃料を処理する能力はありませ
ん[12]。それでもこの社説では、非常にメリットが大きいと述べています。事
故の経緯には触れず「当初予定が 20 年近く延期される」と受け身形を使っ
て誰が延期したのかわからないような書き方をし、最後に「そして着実な推
進が求められる」と再開の要求をしています。

　最後の「避けて通れない」に注目してください。「最終処分場の確保は必
須だ／先決問題だ」といった文言もありうるのに、この表現には、先の「再
稼働できない」と同様、意志動詞の可能形否定が使われています。本来なら
ば「避けて通りたい」のに、「避けて通れない」というニュアンスが感じら
れないでしょうか。さらに最後の「候補地選定に道筋をつけることが肝要
だ」では「道筋をつけるべきだ」という当為表現が用いられていないところ
から、やや弱気な印象が感じられます。最終処理場の建設候補地がその地元
の自治体からことごとく反対され、いまだに見つかっていないという原発推
進派さえもてこずる難問のためでしょうか。この段落の主張は最後の二文の
ため、これまでの段落に比べて、勢いがない印象を与えています。

　以上、読売新聞 2015 年 1 月 18 日付の社説を見てきましたが、内容、表

現ともに 2013 年 12 月 14 日の社説とほぼ同じです。また文中の傍線部は 2011 年以降の社説に繰り返し見られる表現です。テンプレートがあるかのように同じ表現が用いられ、論点も同じということは、おそらく同一人物の手によるものかと思われます[13]。注意すべきは、福島原発事故後、4 年経過するうちに 2014 年の統計では再生エネルギーの比率は 1％から 2.2％に増加し水力を含めれば 12％に上昇しています（図 2 参照）。太陽光発電などの設備費用も下落しています。また国民の節電努力によって電力使用量は 2011 年に比べて減少しており、電力供給量は常に需要のピーク時でも 90％を切っています[14]。こうした状況の変化があるにもかかわらず、原発の負の側面には極力触れずに、「原発を優れた電源」と位置づけ、それぞれのトピックについて「原発を活用する」方向に論を進め、「原発の新増設が必要である」という結論に導こうとしています。こうした社説に触れていれば、なるほど原発は素晴らしい電源なのだと信じたとしても無理はないでしょう。

では反原発派の新聞はどのように論じているのでしょうか。いくつかのトピックについて、朝日新聞の社説を例にとって読売新聞と対比してみましょ

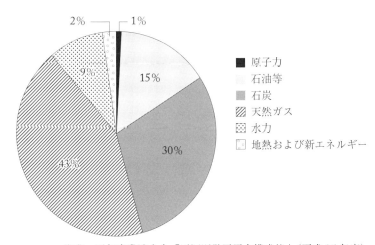

出典：電気事業連合会「電源別発電電力構成比」（平成 25 年度）
図 2　我が国の発電電力量の構成（平成 25 年度）

う。紙面の制約上、論点だけの比較をします。

6. 読売社説と朝日社説の比較

　先の方法論で述べたように、次の項目に注目して両紙を見ていきます。
(1)どんなトピックをとりあげているか(ディスコース・トピック)
(2)どのような用語・語彙を用いているか(ディスコース・ストラテジー)
(3)どのような論拠に立って議論しているか(論証ストラテジー)
　ディスコース・トピックは以下の4つを見ます。
1. 脱原発
2. 再生可能エネルギー
3. 使用済み核燃料
4. 原発輸出と国際的立場

　読売新聞の場合、先に見た 2015 年 1 月 18 日の社説と重複するところがありますが、他の社説の日付に注意してください。¦ ¦ 内は、前文脈の概略を示しています。

a. ディスコース・トピック 1 「脱原発」

　まず、脱原発についての両紙の主張をみましょう。

読売社説

　①脱原発に向えば、原子力技術が衰退し、科学技術立国もままならなくなる。代替電力の展望のないまま原発からの脱却ばかりを強調するのは、あまりにも非現実的だ。(2011 年 7 月 14 日)

　②高性能で安全な原発を今後も新設していく、という選択肢を排除すべきでない。(2011 年 9 月 7 日)

　③ ¦政府試案における原発の電源比率の¦ 20 〜 25％案が、古い原発を更新する方針を明示しているのは、評価できる。安定した代替電源を

確保できるまでは、安全性の高い新型炉を導入し、原子力を火力など
と並ぶ基幹電源として使うことが望ましい。（2012 年 5 月 29 日）
④エネルギー資源の乏しい日本にとって原発の役割は大きい。今後も一
定程度を活用し、電力の安定供給を図らねばならない。（2013 年 1 月
11 日）

　①に見るように、事故後四か月ですでに脱原発に反対の立場を明確にし、
六か月後の②では事の原因究明が未完の状態であったのに「高性能で安全な
原発の新設」を訴えています。③の数値は 2012 年の民主党政権の時代に示
された 3 通りの電源構成比率の中の 1 つです。ただしここでは「安定した
代替電源を確保できるまでは」という留保がありますが、翌 13 年には「一
定程度」となり、先にみた 15 年 1 月の社説では「原発の新増設」を掲げ、
半永久的な原発使用を唱えるようになっています。これらで用いられている
論拠は脱原発になれば科学技術立国が衰退するというものですが、一足飛び
の論理の展開に見えます。またここでも「安全な」原発と述べていますが、
先に見たように、新規制基準をクリアしたことを条件にしていると思われま
す。しかしその新基準自体、一定の厳格化はなされたものの、基準地震動の
数値、防護壁などが現在の世界基準と比較してさえ構造的に問題があり、政
府が言うような「世界一」ではありません。さらに以前の基準にあった立地
条件は除外され、火山活動の影響や活断層の認定基準が曖昧になったことに
加え、避難計画といった社会的条件は含まれていません（奈良本他 2015）。
こうした問題をはらんでいるため、新型原発が「安全」と保証される基準は
ないわけです。また 5 節の分析においてセットで用いられる「安価」とい
う点をみると、大島（2011）や金子（2012）山岡（2014）が指摘するように、原
発は燃料費だけを見ると安価なものの、設備費や使用済み核燃料の処理費、
廃炉費用など、間接コストが巨額な上、事故が起きた場合、民間の保険では
対応できないため、国が肩代わりするというシステムになっています。再エ
ネの場合は FIT（固定価格買い取り制度）があるため、賦課金が「見える化」
していますが、原発のために税金がこうした使途に使われていることはあま

り認識されていません。したがってすべての費用を加えると原発は安価であるとは決して言えないのです。

朝日社説

①社会全体で熟議が積み重ねられてきたドイツに比べて、日本では、原発は国策だからという理由で政界も学界も思考停止に陥っていた。その呪縛をまず断ち切ることから始めよう。（2011年6月8日）

②これまで「安く、安全に大量の発電をする」と宣伝されてきた原発だが、事故の危なさに加え経済面の優位も崩れた。（2011年10月27日）

③（ドイツは）脱原発への確固たる目標に自然エネルギーへの支援策をうまく組みあわせて、経済や社会の活性化につなげる。日本に必要なのはそんな発想と行動だ。（2012年5月27日）

④原発の比率「早期ゼロ」を支持する。（2012年5月29日）

　次に朝日新聞の論点をみましょう。①では、原発の安全神話を信じていたため、原発の是非について議論してこなかったという反省に立って、エネルギーに関する発想の転換が必要だと促しています。②では原発のコストは既述のとおり、関連費が莫大であることを確認したため、「経済面での優位も崩れた」と述べています。さらにドイツは福島原発事故後、脱原発政策への転換を明確にし、既存の原発を順次廃炉にすることを決定して、自然エネルギーへの転換を進め始めました。それを踏まえ③ではドイツを手本とした発想を提案しています。④は先の読売社説の③と同じ日の社説ですが、朝日は「早期ゼロ」を主張しています。具体的にはいくつかの原発の再稼働を視野に入れたとも解釈できる「即ゼロ」ではないことに注意が必要です。

b.　ディスコース・トピック２「再生可能エネルギー」

　次に再生可能エネルギーについての主張をみます。

原発事故と原発をめぐる新聞の姿勢　107

読売新聞

①自然エネルギーが普及しないのは、その質・量・コストに難があるからだ。(2011 年 5 月 27 日)

②水力を除けば総発電量の約 1％しかない自然エネルギーに過大な期待は抱けない。太陽光パネルや発電用風車を置く適地の確保やコストなど難題が山積している。(2011 年 7 月 14 日)

③再生エネルギーは日照や風の状況で電力が急激に変動する。太陽光パネルなどを設置する広大な用地をどう確保するのだろうか。(2012 年 5 月 29 日)

読売新聞はこれらにみるように、2011 年以降、常に発電量の不安定さおよび設備設置に要する用地やコストといった弱点を前面に押し出して、現状では再エネ(再生可能エネルギーの略)に依存することの難しさを説いています。先にみた 2015 年初頭の社説で「できる限り利用したい」としつつも、依然として再エネの弱点を列挙していたように、普及への期待あるいは、今後の再エネ産業の発展への具体的な道筋についてはいずれの日付の社説にも言及されていませんでした。

朝日社説

①日本は風力発電を伸ばせる場所が多い。太陽光発電には技術の蓄積がある。急速に普及している欧州や中国に追いつき、新産業と雇用創出につなげる。そんな議論を期待したい。(2011 年 8 月 4 日)

②日本の電力に占める自然エネルギーは 1％だ。新法[15]をテコに、原発の削減や電力体制の改革、蓄電池などの研究開発も進めながら、「自然エネルギー後進国」から早く脱却しよう。(2011 年 9 月 5 日)

③自然エネルギー発電量は水力を除くと全体の 1％でしかない。資源を輸入にたよらず、温暖化防止にもなる電源は、脱原発を進めるうえでも重要だ。新制度をテコに普及を急ぎたい。(2012 年 7 月 4 日)

読売が風力発電用の用地の確保が難しいと言っているのに対し、朝日は場所が多いと述べています。この違いの原因は何でしょうか。事実、2011年の「日本風力発電協会」[16]の報告では、風況がよく適地があっても、日本の土地利用に関する規制が厳しく見直しが遅い点、および送電線の容量が低い点や、電気の系統連系が悪い点を挙げています。つまり、読売は現況を見た判断をしている一方、朝日はこうした条件が今後改善されるという期待を込めた判断だと言ってよいでしょう。2011年の1%という数字は認めつつも将来性あるものと捉えて、普及させたいとしています。③では、科学技術を脱原発・再エネ普及に向けようという提案であり、エネルギー新法に多大の期待を寄せているのがわかります。読売が再稼働を前提にしているのに対し、朝日は脱原発を前提にしているための違いが同一現象の捉え方の違いとなっています。

　では実際に再エネの普及の可能性はどれくらいあるのでしょうか。2015年4月23日付の毎日新聞によれば、自民党の資源・エネルギー戦略調査会

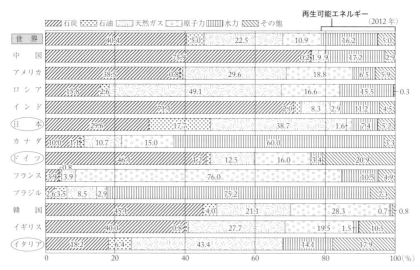

出典：電気事業連合会「原子力・エネルギー」図面集 2015　4-2-2
図3　主要国の電源別発電電力量の構成比

の再生可能エネルギー普及拡大委員会が 2030 年に再エネ導入量 3 割以上を目指すとの提言をまとめたとあり、さらに、「2030 年の電源構成を巡っては、環境省が今月、再エネを最大 35％まで拡大可能だとする試算を公表した」と報じています。つまり政府与党の側からも再エネ開発の大きな可能性が示されたのですが、経産省が電力料金上昇などを理由に 20％台半ばに抑える方針を示し、2015 年 5 月に発表された「エネルギー基本計画」では再エネの比率は 22 ～ 25％となりました。参考までに他国の再エネ利用率をあげておきます（図 3 参照）。

c. ディスコース・トピック 3「原発輸出」

次に 2010 年に日本の成長戦略の 1 つとして始まった原発輸出は福島原発事故後も続いています。それに対する両紙の主張をみましょう。

読売社説

①蓄積した高い技術と原発事故の教訓を、より安全な原子炉の開発などに活用していくことこそ、日本の責務と言えよう。（2011 年 7 月 4 日）

②原発輸出は 1 基 3000 億～ 4000 億規模の巨大ビジネスであり、政府の成長戦略の大きな柱の一つだ。さらに海外から受注すれば、運用や補修への協力を長期間、求められる公算が大きい。（2011 年 12 月 3 日）

③中国などの新興国や途上国では事故後も、原発新設の機運は衰えていない。安全性に関する技術やノウハウをそうした国々に提供することは、事故を起こした日本の信頼回復につながろう。（2011 年 12 月 3 日）

④多数の原発を有し原子力の平和利用を進める日本には、国際原子力機関（IAEA）などを舞台に核不拡散や核テロ対策で国際貢献をすることも期待されている。（2012 年 4 月 7 日）

最初の①からは、原発事故が起こったにもかかわらず、なおそれを教訓に

新規開発に活用したいという「技術信仰」が読み取れます。②や③からは、事故後も新興国や発展途上国には原発忌避の姿勢がみられないため、先進国として技術提供をすることが信頼回復につながると述べています。しかし一旦、輸出先の国で事故が起こった場合、本当に責任をとれるのでしょうか。そのようなリスクは承知のはずだと思われますが、「日本の責務」「日本の信頼回復」「国際貢献」といった聞こえのよい表現を用いて賛意を示しています。その理由は、原発輸出が「巨大ビジネス」であることで、先にみたようにアベノミクスの成功という経済至上主義があることが読み取れます。①にある、原発事故の教訓を活用することこそ日本の責務であるという言葉は、戦後、被爆国でありながら「原子力の平和利用」をうたって原発導入を進めたことを思い起こさせる表現です。

朝日社説

①成長戦略の名の下に、関係する日本企業の売上はあがるかもしれない。しかし国民全体が背負うリスクは途方もない。国益に資するとはとても思えない。福島の事故は原因究明も道半ばの状況で、自分のところがそんな状況で、他国に何を教えると約束できるのか。(2012年8月24日)

②日本政府が、途上国への原発輸出に血道をあげている。(中略)汚染水漏出、除染未完、など、国内では脱原発への転換を求める多くの国民に背を向け、原発政策をあいまいにし続ける。一方、海外ではあたかも事故の経験が日本の原発技術を高めたかのように売り込む。考え違いではないか。安倍政権は原発輸出を成長戦略の柱に据えるが、山積する問題に口をつぐんで売り込むのは商倫理にもとる。(2013年11月1日)

③新興国への原発輸出、核不拡散条約(NPT)に加盟せずに核実験したインドとの原子力協定交渉…。どちらも核拡散につながる恐れがぬぐえない。(2014年8月18日)

一方、朝日社説の①は、民主党政権の時代のことで、当時の野田首相がトルコへの原発輸出を取り決めたことに対する非難です。この社説は、それによって潤うのは一部の企業であり、国民全体としては道義的責任というリスクを負うと悲観的に述べています。しかし、同年末に安倍政権になってから安倍首相は諸国を訪問して、より積極的に原発輸出を決めてきました。②では「色恋や道楽に熱中する」という意味の「血道を上げる」という表現を使って、輸出ビジネスに奔走する政府の姿勢を冷淡に表現しています。これらの社説が挙げる原発輸出反対の理由は、「商倫理にもとる」ということと、新興国への輸出や援助は「核不拡散」という世界的取り決めの違反に加担することになるという危惧です。日本がかつて「エコノミックアニマル」と揶揄されたのと同様の事態に、外国との関係には経済よりも倫理を重視するよう、強く非難しています。

d. ディスコース・トピック３「使用済み核燃料」

では最後に、原発を運転すれば必ず出る「使用済み核燃料」についての両紙の主張をみます。

読売社説

①日本は、平和利用を前提に、<u>核兵器材料にもなるプルトニウムの活用</u>を国際的に認められ、高水準の原子力技術を保持してきた。これが、<u>潜在的な核抑止力としても機能している</u>。（2011 年 8 月 10 日）

②｜核燃サイクルは｜ <u>新たな核燃料を生産でき、長期的に「準国産エネルギー源」を得るのに等しい</u>とされてきた。これを放棄して他に本格的エネルギー源を見つけるのは困難だろう。（2012 年 5 月 29 日）

③核燃料サイクル政策を継続しながら「原発ゼロ」を目指すというのは、明らかな矛盾である。<u>これでは再処理で作った核燃料の使い道がなくなる</u>。（2012 年 9 月 15 日）

④一定数の原発が再稼動しないと、<u>再処理で作った燃料の使い道はない</u>。核兵器の材料にもなり得るプルトニウムをため込めば、国際的に

<u>も批判を浴びかねない</u>。(2014 年 1 月 11 日)

　使用済み核燃料は、「核のゴミ」として原発内にあるプールに保管するか、あるいは再処理してウランとプルトニウムを取り出して燃料として再利用します。国内には再処理工場が完成していないため、イギリスやフランスに委託して再処理してもらい、日本に戻されるか、あるいは現地に保管されます。14 年度の日本の保有量は総量 44 万トンになり、未処理のものは 9.3 トンになっています[17]。プルトニウムは核兵器の原料ともなるため、保有量を低減するというのが世界の要請で、原発が稼働しなければ不要となるはずですが、反対に、原発が稼働すればプルトニウムも生産されるという循環に陥ります。では読売が再処理を主張する理由は何でしょうか。原発を稼働して余剰プルトニウムを減らすことによって国際的な批判を避けたいという一方、一定量のプルトニウムを保有し「潜在的な核抑止力」にしたいというのが本音[18]のようです。過去にも「脱原発に向えば、(略)、国際的な発言力も大きく低下するだろう」(2011 年 7 月 14 日)、「日本は原子力の平和利用を通じて核拡散防止条約（NPT）体制の強化に努め、核兵器の材料になりえるプルトニウムの利用が認められている。こうした現状が、外交的には、潜在的な核抑止力として機能していることも事実だ」(2011 年 9 月 7 日)とあるように、ほぼ一か月ごとに同様の趣旨の社説を掲載しました。ここから明らかなように、「平和利用」という名目を掲げながら、最終的には核兵器に転用可能な原子力を維持し続けたいという思惑があると考えても不思議ではありません。矢部(2014)が指摘するように「この原発と軍事の関係こそ、福島第一原発事故後も政治が原発ゼロを進めることのできない隠された理由になっている」のかもしれません。

朝日社説

①原発をなくす道に向き合うしかない。同時に、必要性が疑問になった<u>核燃料再処理から撤退する議論も始めよう</u>。(2011 年 10 月 27 日)

②今後の日本では、原発を増やすことは考えにくい。<u>ウラン燃料の使用</u>

量が減るのに、わざわざ再処理して割高のプルトニウムを使うのは合理的でない。（2012 年 7 月 20 日）

③核不拡散上、利用目的のないプルトニウムはもたないことが国際社会での約束だ。（2013 年 5 月 4 日）

④規制強化で、原発の多数稼動はもうありえない。見通しの立たないもんじゅにかまけることはただちにやめ、事故対応や安全規制に役立つ技術開発と人材育成に全力をつくすべきだ。（2013 年 8 月 26 日）

⑤日本ではすでにプルトニウムを 44 トン抱えている。核兵器を数千発つくれる量だ。使用済み核燃料も 1 万 7 千トンある。再処理工場を動かせば、さらに使うあてのないプルトニウムが増える。こんなずさんな事業は、核不拡散のうえからも許されない。（2013 年 12 月 14 日）

⑥原子力委員会は、再処理より直接処分するほうが安上がりであるとの試算を示している。プルサーマル計画は、原発をもつ電力会社が財務的に支える形となっており、自由化の重荷になることは明らかだ。（2014 年 9 月 19 日）

　①の「向き合うしかない」という表現に注意してください。「〜しかない」という表現は他に選択肢がなく次善の策であることを指す語で原発への期待が裏切られたというニュアンスが感じられます。2012 年、安倍首相は「原発を限りなく低減する」という施政方針演説を発表しました。原発を低減する方向に進むなら、核燃料の需要は減るわけで再処理の必要性はなくなるということを①②の社説は述べています。ところが、④は、13 年に発表された政府のエネルギー計画には再処理を行う高速増殖炉「もんじゅ」の建設計画も含まれていたことに対する非難です。「もんじゅ」は 1983 年に着工され 1991 年に運転が開始されましたが事故や欠陥続きで、対策のために巨額が投じられたにもかかわらず実質的な操業は始まっていません。ほとんど完成の目処のたたない計画を続行することへの非難です。⑤は六ヶ所村の再処理工場についてで、すでに多量のプルトニウムを保有していることが国際協約違反になることを述べ、⑥では、経済面からの反対を訴えています。

このように朝日社説は脱原発を前提にした使用済み核燃料の再処理に反対を主張し続けています。

7. 両紙の論証ストラテジー

　以上両紙の主張をみてきました。これを論証ストラテジーの中のトポスに当てはめてみましょう。

a. 有用性のトポス

「読売」：原発＝地球温暖化防止に最適／安定したエネルギー供給が可能
　　　　　　　核兵器に転用可能、核抑止力となる／エネルギー安全保障上、重要

「朝日」：原発＝（有用という言及なし）

b. 安全・安定のトポス

「読売」：原発＝安全で安定した発電エネルギー
　　　　　　　代替エネルギー＝急激に変動し、不安定

「朝日」：原発＝（安全・安定という言及なし）
　　　　　　　再生可能エネルギー＝安全なエネルギー源／無尽蔵のため安定

c. 危険・脅威のトポス

「読売」：原発の停止＝命の危険
　　　　　国際紛争＝日本におけるエネルギー安全保障上の危険

「朝日」：原発事故＝人知の及ばない放射能による命の危険／人類滅亡の危険

d. 負担・負荷のトポス

「読売」：再生可能エネルギー＝広大な用地が必要

「朝日」：使用済み核燃料処理や40年という廃炉作業＝後世への負担

原発輸出＝国民への負担

e. 財政のトポス

「読売」：原発＝低廉なコスト

原発停止＝燃料費のための国費 4 兆円の流出

再生エネルギー＝実用化に巨額投資が必要

固定価格買い取り制度による電気料金の高騰

「朝日」：原発＝算出不可能な総コスト（廃炉費用、使用済み核燃料処理費用、安全対策費、事故賠償など）

再生エネルギー＝原料は無料／原発に比較すれば発電施設設置は安価

f. 現実のトポス

「読売」：原発＝すでに存在する

再生可能エネルギー＝1％にすぎない／多くの問題を抱えている

核燃料サイクル＝再処理工場が存在する／20 年の歳月と 2 兆円の費用を投じた

「朝日」：原発＝事故処理・原因究明が未完／汚染水の漏出が続く

再生可能エネルギー＝現状は 1％だが拡大が可能

　このように同じトポスでも現実のどの事象を取り上げるかによって、正反対の主張となっています。「危険・脅威のトポス」を見ると、読売は、原発事故には触れず、原発が停止することが電力不足を招いて「命の危険」をもたらし、停止中に国際紛争があれば化石燃料の輸入がストップすることを「危険・脅威」と捉えています。一方、朝日は原発が事故を起こせば、人知の及ばない放射能による命の危険があると主張します。また現実のトポスをみると、例えば現在の再エネの割合 1％という数字から正反対の結論を導いています。このようにすべての論証ストラテジーは同一トポスに立っていても、トポスの別の観点から、あるいは別のトポスによって反証することが可

能です。こうしてみると、「読売」の主張の背景には「現実重視、経済優先」という思想があり、「朝日」の主張には現状悲観に立って変革を夢見る「未来志向、倫理重視」という理念があることが理解されるでしょう。

　次に別の観点から両紙を比較してみましょう。2011 年からの両紙の社説各 600 本以上を見ると、それぞれが扱わないディスコース・トピックがあることに気づきます。

読売：・原発の危険性　　・廃炉費用と所要時間　　・事故責任の所在
朝日：・再生可能エネルギー転換への必要経費　　・安全保障政策

　このように読売は、原発自体の危険性や既存の原発を廃炉にするために必要な費用や所要時間にはまったく触れなかった一方、朝日は軍事面や安全保障にあまり触れていないということは、それぞれの主張の一貫性のために不利な点は回避したというわけです。

　以上を今度は「誤謬」(fallacy)に当てはめてみると、ディスコース・トピックの選択によって不都合な事実に言及しないのは、多くの事例の中から自らの論証に有利な事例のみをならべたてることで、命題を論証しようとする「偏りのある標本(cherry picking)」という誤謬に相当します。また「原発は安価」という表現は、現有のウランのコストだけを取り上げて他の諸費用を含めていないので、「誤った一般化の論証」（代表的でない量的サンプルに基づいて一般化すること）に当たります。また原発輸出が「国際貢献」になるといっていますが、「国際貢献」の定義を曖昧にしたままでは、説得力に欠けます。しかし一番大きな問題は、日本の「高度な科学技術」をたのみにした「原発は安全である」ということでしょう。「安全」と証明されるべき点を議論の前提として論を進める一種の「論点回避」という誤謬に相当します。

　数え上げればきりがありません。脱原発を主張する側も、将来への期待を述べてはいますが現実の電気代高騰にどう対処すればよいかについて、即効性のある具体案を持っておらず、当面は辛抱して脱原発を前提に再エネを拡

大していこうという提案です。反対に脱原発派の主張を「絵空事」と非難する推進派は、眼前の「コスト」を強調し、保証されていない「安価」と「安全」を論拠として経済優先を旗印に原発回帰を進めようとしています。

　以上、4点のディスコース・トピックについてのみ比較しましたが、これだけでも両紙の主張が端的に表されています。どちらの側に賛同するかは、論証に揺るぎなき根拠があるか、あるいは数値の裏に隠されているものがないか、そして自らがどのトポスを優先するかという問題に行き着くのではないでしょうか。

8.　まとめ

　多くの人にとって、日常の生活には雇用、福祉、教育等々、考えるべき問題は山積していて、原発について正面から向き合う余裕がない状態かもしれません。しかし私たちは福島原発事故により原発そのものの存在に疑義を抱き始めており、その疑義は依然として解消されたわけではありません。原発に必要な経費は燃料費以外に莫大な費用がかかることを常に念頭に置いておかなければなりません。民間の努力によって再生可能エネルギーの拡充は目覚ましく、節電、発送電方法の改善など、原子力に依存しないエネルギー供給に関する研究が進められ、日進月歩の成果があがっています。政府が真剣にエネルギー政策の転換に向き合えばさほど困難な事業でもないことはドイツの例でも証明されています[19]。原発に依存するかしないか、それは生き方の問題でもあります。

　しかしそれ以上に、原子力そのものが人類と共存しない物質だということを肝に銘じなければなりません。それでも原発が必要だという主張はどこから来るのでしょうか。その主張の裏にあるものに目を向けなければなりません。読売新聞を含めて原発を推進しようとする側には、現実的理由を口実にしてはいるが、利害関係によって原発を動かすことに躍起になっているのです。

　原発の持つ負の側面がここまで露わになった現在、国策だからという理由

はもはや通用しないでしょう。真の意味での国民の安全を守るエネルギー政策こそが本当の「国策」ではないでしょうか。

注

1 福島県公式サイト「最新の被害状況即報」(2015 年 12 月 14 日現在)
(2015 年 12 月 15 日閲覧)福島県民のみの統計では県内、県外を含めて 101,704 人である。宮城県民については避難理由が明確でないため、正確な数値は不明。

2 新聞通信調査会(2014)「第七回　メディアに関する全国調査」では、24％が社説を読むと回答した。また、朝日新聞広報局 HP「朝日メディア・データ 2014 年版　第三章」では「オピニオン・解説」欄の面接触率(その面を読むか見るという率)は 67.6％であった。

3 読売新聞広告ガイド「2015 読売媒体資料」による。読売と他紙の購読数の統計。(2015 年 8 月 22 日閲覧)

4 朝日新聞広告局「朝日メディア・データ 2014 年版　第一章」

5 内閣府 HP「ストック統計」(内閣府　内閣府経済社会総合研究所　平成二三年度版)(2015 年 8 月 12 日閲覧)

6 朝日新聞大阪本社版 2014 年 5 月「大飯原発差し止め訴訟」判決文(樋口英明裁判長)の抜粋。「このコストの問題に関連して、国富の流出や喪失の議論があるが、たとえ本件原発の運転停止によって、多額の貿易赤字が出るとしても、これを国富の流出や喪失というべきではなく、豊かな国土と、そこに国民が根を下ろして生活していることが国富であり、これを取り戻すことができなくなることが、国富の喪失であると、当裁判所は考えている。」

7 外務省経済安全保障課 HP「我が国の資源外交とエネルギー安全保障」

8 JX 日鉱日石エネルギー「石油便覧」によると「OPEC(石油輸出国機構)による資源ナショナリズムの動きが強まった 1971 年以降、欧米各国では石油禁輸等の事態に備えて石油備蓄強化の動きが進展した。日本においても、OECD(経済協力開発機構)による備蓄増強勧告もあり、1972 年度から「60 日備蓄増強計画」が行政指導のもとにスタートした」とあり、その後達成目標は増加を続けた。2014 年 3 月現在で、国家備蓄・民間備蓄をあわせて 193 日分あり、目標の 5100 万 Kl を達成している。(2015 年 2 月 4 日閲覧)

9 資源エネルギー庁 HP「なっとく！再生可能エネルギー」によると「2012 年 7 月に制定された「再生可能エネルギー特別措置法」によって決められた、再エネ普及を促すため、再エネで製造された電力を大手電気会社が買い取る制度。2012 年度では太陽光は 40 円であったが、2014 年度は、各電源の最高値は太陽光 32 円、

風力 23 円、水力 24 円、地熱 26 円であった。（価格算定基準となる調達量は電源によって異なる）」とある。ドイツでは、「2014 年改正再生可能エネルギー法」によって、補助金の廃止などのコスト上昇の抑制、再生可能エネルギーの計画的拡充、電力市場への統合が促進されている。（「ドレスデン情報ファイル 2015」）

10　原子力規制委員会 HP「新規制基準適合性に係る審査・検査の流れ」（2015 年 3 月 5 日閲覧）

11　朝日新聞大阪本社版 2015 年 8 月 11 日付には「（川内原発は）一定規模の事故を受け入れた上で審査していることになる。川内でも、最悪のケースでは放射性物質の大量放出が想定されている。それでも、放出量が福島の事故の 1 千分の 1 以下に抑えられるので制限値を下回り、新基準に適合すると判断された。」とある。

12　原子力資料室 HP「止めよう、六ヶ所再処理工場」（2015 年 3 月 1 日閲覧）

13　読売新聞大阪本社に問い合わせたが、担当者の職階や人数、役割などについては非公開との回答であった（2015 年 12 月 10 日）。ただし、朝日新聞の元記者からの個人的情報によれば、各新聞社の社説部門には専門分野ごとに 2、3 人の論説担当者がいるとのことであった。

14　「冬の節電目標、見送り決定　電力供給に余力」（朝日新聞 2014 年 11 月 1 日）

15　「再生可能エネルギー特別措置法」《「電気事業者による再生可能エネルギー電気の調達に関する特別措置法」の通称》再生可能エネルギーからつくった電気を国が定めた単価で一定期間電力会社が買い取ることを義務づける法律。再生可能エネルギーによる発電ビジネスの推進・拡大が目的。買い取りにかかる費用は国民が電気使用量に応じて負担する。平成 23 年（2011）8 月成立。同 24 年（2012）7 月施行。（デジタル大辞泉 2015 年 3 月 3 日閲覧）

16　社団法人「日本風力発電協会」ワーキンググループの報告「日本の風力発電の現状と課題」（2012 年 12 月 16 日発行 PDF）

17　朝日新聞大阪本社版 2014 年 8 月 26 日付によると「原子力委の資料によると、日本のプルトニウム保有量は 2012 年末で計 44.241 トン。このうち国内が 9.295 トン（9295 キロ）、使用済み燃料の再処理を委託した英仏に保管中の分が 34.946 トン。非核保有国としては最多で核兵器 5 千発分を超す。プルトニウムは濃縮作業が必要なウランより核兵器に転用しやすく、核テロや核拡散を懸念する米政府は保有の最小化を求めている。」とある。

18　矢部（2014）125 ページ以降、また 208 ページに、岸信介の実弟、佐藤栄作が首相の座に就くと、首相のもとで、中国が核保有国入りしたことをきっかけに、原発技術を利用した「潜在的な核保有」がひそかに検討されたと「核保有」がひそかに検討されたとの記述がある。また外務省も核保有を独自に検討していたとある。

19　「ドイツの苦悩に学べ」（ウェブ論座 2014 年 3 月）「ドイツの電力、再生可能エネルギーがトップ」（ウェブ論座 2014 年 3 月 31 日）「ドレスデン情報ファイル」（2015

年 11 月 29 日）

参考文献

有馬哲夫（2008）『原発・正力・CIA』新潮社

井野博満・滝谷紘一（2014）「不確実さに満ちた過酷事故対策」『科学』Vol. 84 No. 3 岩波書店．pp.333–345.
　〈http://www.ccnejapan.com/archive/2014/201403_CCNE_kagaku201403_ino_takitani.pdf〉（2016.11.29 リンク確認）

大島賢一（2011）『原発のコスト—エネルギー転換への視点』岩波書店

奥村宏（2009）『徹底検証　日本の五大紙』七ツ森書館

金子勝（2012）『原発は不良債権である』岩波書店

経産省資源エネルギー庁（2014）「エネルギー基本計画」第 2 節「各エネルギーの位置づけと政策の時間軸」
　〈http://www.enecho.meti.go.jp/category/others/basic_plan/pdf/140411.pdf〉（2016.11.29 リンク確認）

経産省資源エネルギー庁（2015a）「再生可能エネルギー各電源の導入の動向について（総合資源エネルギー調査会　長期エネルギー需給見通し小委員会第 4 回会合）資料 2」
　〈http://www.enecho.meti.go.jp/committee/council/basic_policy_subcommittee/mitoshi/004/pdf/004_06.pdf〉（2016.11.29 リンク確認）

経産省資源エネルギー庁（2015b）「各電源の特性と電源構成を考える上での視点（総合資源エネルギー調査会　長期エネルギー需給見通し小委員会第 5 回会合）資料 1」
　〈http://www.enecho.meti.go.jp/committee/council/basic_policy_subcommittee/mitoshi/005/pdf/005_05.pdf〉（2016.11.29 リンク確認）

中日新聞社会部（2013）『日米同盟と原発　隠された核の戦後史』中日新聞社

津田正太郎（2013）「原発神話は実在したか？　朝日・読売両紙における「虚偽」と「油断」の神話」『2011 年度　公募委託調査研究報告　大震災・原発とメディアの役割』（公）新聞通信調査会、pp.21–29.

名嶋義直・神田靖子編（2015）『3・11 原発事故後の公共メディアの言説を考える』ひつじ書房

奈良本英佑・e シフト編（2015）『原発の安全性を保証しない原子力規制委員会と新規制基準』合同出版

ミランダ・A・シュラーズ（2011）『ドイツは脱原発を選んだ』岩波書店

矢部宏治（2014）『日本はなぜ、「基地」と「原発」を止められないのか』集英社インターナショナル

山岡淳一郎（2014）「原発の発電コスト再検討—『安い』はまやかし」『AERA』2014

年3月17日号

吉田文和、M・シュラーズ編訳 (2013)『ドイツ脱原発倫理委員会報告』大月書店

Reisgl, Martin and Ruth Wodak (2009) The discourse-historical approach (DHA). In Wodak, Ruth and Michael Meyer (eds.) (2009) *Methods of Critical Discourse Analysis* 2nd edition. pp.87–121. London, Sage

Wodak, Ruth (2001) The discourse-historical approach. In Wodak, Ruth and Michael Meyer (eds.) (2001) *Methods of Critical Discourse Analysis* 1st edition. pp.63–94. London, Sage

　〈ヴォダック、R.、マイヤー、M. 編著、野呂香代子監訳 (2001)『批判的談話分析入門』三元社

朝日新聞「冬の節電目標、見送り決定　電力供給に余力」

　〈http://digital.asahi.com/articles/DA3S11432762.html〉(2016.8.19 リンク確認)

朝日新聞「be report」「行き場ない放射性廃棄物」

　〈http://digital.asahi.com/articles/DA3S11934334.html〉(2016.8.19 リンク確認)

朝日新聞広告局「朝日メディア・データ」「朝日新聞はどんなメディア?」

　〈http://adv.asahi.com/modules/media_kit/index.php/2014.html〉(2016.8.19 リンク確認)

朝日デジタル「ウェブ論座」「ドイツの苦悩に学べ」

　〈http://digital.asahi.com/articles/ASH397TG7H39PLZU00N.html〉(2015.3.12 リンク確認)

朝日デジタル「ウェブ論座」「ドイツの電力、再生可能エネルギーがトップ」

　〈http://webronza.asahi.com/global/articles/2015030300007.html〉(2015.3.31 リンク確認)

外務省「経済安全保障課」HP「わが国の資源外交とエネルギー安全保障」

　〈http://www.mofa.go.jp/mofaj/gaiko/bluebook/2004/hakusho/h16/html/G3230200.html〉(2016.8.19 リンク確認)

経済産業省資源エネルギー庁 HP

　「エネルギー白書 13 年度版」

　〈http://www.enecho.meti.go.jp/about/whitepaper/#headline12〉(2016.8.19 リンク確認)

　「なっとく!再生可能エネルギー」

　〈http://www.enecho.meti.go.jp/category/saving_and_new/saiene/kaitori/〉(2016.8.19 リンク確認)

原子力規制委員会 HP「新規制基準適合性に係る審査・検査の流れ」

　〈https://www.nsr.go.jp/activity/regulation/tekigousei/unten.html〉(2016.8.19 リンク確認)

原子力資料情報室 HP「原発きほん知識　六ケ所」
　〈http://www.cnic.jp/knowledgeidx/rokkasho〉（2016.8.19 リンク確認）
財務省 HP「平成 25 年度中貿易収支統計（速報）平成 26 年 5 月 12 日」
　〈http://www.mof.go.jp/〉（2016.8.19 リンク確認）
JX 日鉱日石エネルギー「石油便覧」「第 4 編　第 3 章　石油の輸入と備蓄」
　〈http://www.noe.jx-group.co.jp/binran/part04/chapter03/section04.html〉
　（2016.8.19 リンク確認）
新聞通信調査会 HP「第 7 回　メディアに関する全国世論調査（2014 年）」
　〈http://www.chosakai.gr.jp/notification/index.html〉（2016.8.19 リンク確認）
ドレスデン情報ファイル「再生可能エネルギーの拡大と経済成長（1990 年以降の推移）」
　〈http://www.de-info.net/kiso/atomdata14.html〉（2016.8.19 リンク確認）
日本経済新聞「13 年貿易赤字、最大の 11.4 兆円燃料輸入膨らむ」
　〈http://www.nikkei.com/article/DGXNASFS2700E_X20C14A1MM0000/〉
　（2016.8.19 リンク確認）
日 本 風 力 発 電 協 会 HP「自然エネルギー白書（風力編）2013」〈http://jwpa.jp/pdf/
hakusyo2013.pdf〉（2016.8.19 リンク確認）
福島県公式ホームページ「平成 23 年東北地方太平洋沖地震による被害状況即報（週 1
回更新）」〈http://www.pref.fukushima.lg.jp/site/portal/shinsai-higaijokyo.html〉
　（2016.8.19 リンク確認）
読売新聞 HP「読売新聞へようこそ」「データで見る読売新聞」
　〈http://www.yomiuri.co.jp/group/about/index.html〉（2016.8.19 リンク確認）
読売新聞媒体資料 2015 読売新聞広告ガイド「データ編」
　〈http://adv.yomiuri.co.jp/yomiuri/mediakit/〉（2016.8.19 リンク確認）

メディアリテラシーで斬る官の文言と
クールジャパン政策

大橋　純

1.　はじめに

　本稿では、官の立場をわきまえた人たちの言葉の型をメディアリテラシーを駆使し、語用論的視点から、敬語や発話行為のパターンとその機能に注目して、発せられた文言の意図を探ります。それから、クールジャパン政策により創られるイメージについても批判的な眼差しで考えていきます。具体的には、東日本大震災、収束宣言、クールジャパン政策という一連の時系列のなかで、政府が何を国益として見据えたかを浮き彫りにしていきます。

　大震災直後、2時間を経過した頃、菅直人首相（当時）による官邸からの記者会見冒頭あいさつで、「政府として総力を挙げて取り組んでまいります。国民の皆様におかれましても、今後、引き続き、注意深くテレビやラジオの報道をよく受け止めていただき、落ち着いて行動されるよう、心からお願いを申し上げます。」（東北地方太平洋沖地震に関する菅内閣総理大臣記者発表（2011年3月11日））というメッセージが国民に向けて発せられましたが、それ以降、枝野官房長官（当時）を通じ、大震災後の被害状況、福島第一原発事故、それに関わる非難指示などが、官邸からの記者会見で国民、メディアに向けて繰り返し発信されました。まず、枝野官房長官が国民に向けて発した一連の文言を系統立てて見ていくと、事故の過小評価とパニック回避というパターンが見えて来ます。それから、時期尚早であった収束宣言で、野田首相（当時）が収束を演出するために、どのような手法を用いたかを明らかにします。

それから収束宣言後、復興政策とクールジャパン政策が合流していくという経緯を説明していきます。復興の物語を映像で海外に発信せよという政策が作られ、そういった映像を私たちは何度も目にしました。特に、毎年3月11日にはそういった映像がテレビを介して発信されます。このような復興の物語がクールジャパン政策と合流したという点に注目して、その意義や意味を考えていきます。その上で、これからのクールジャパン政策の焦点がどこに移っていくかについて、私の考えを述べたいと思います。

2.　東日本大震災と原発事故

　2011年、3月11日に太平洋三陸沖を震源地とする大地震と津波によって、東日本一帯で多くの人命が奪われました。それからほぼ3年を経過した2014年2月の時点においても、避難、転居者の数はほぼ27万人に達しています[1]。

　振り返ってみると、東日本大震災後の津波のために福島第一原子力発電所で冷却不能となった原子炉内の炉心融解、続く水素爆発、放射性物質の拡散、大量の放射能汚染水漏れ等、次から次へと問題が明らかになってきました。私はそれらの情報を大手メディアからではなく、Ustream などのインターネットを介して入手していました。と言うのも、私は海外にいましたから日本のテレビ番組は視聴できず、インターネットから情報を得る他ありませんでした。次第に、テレビしか見ていない日本に住む私の親や友人と事態に対する危機感にずれを感じるようになりました。私の方が明らかに危機感を持っていたわけです。何が真実でどちらが正しいかは別として、私達の物事に対する見方や考え方は、メディアに左右されるということがわかります。

3.　官の立場の物言いと語用論

　ここで官の立場を担う人として注目するのは、枝野官房長官(当時)です。

特に東日本大震災直後の記者会見での枝野氏の談話をデータとして扱います。3月11日から17日の間、合計46577字ありました。繰り返し使われている文体や表現から、官の立場をわきまえた枝野氏の言葉の型を明らかにし、何を国益として見据え、何を守ろうとしたのかを明らかにしていきます。

　このデータを分析するに当たっての理論的な枠組みは、語用論です。語用論では、統語論や意味論と違い、テクストだけでなく、文脈や話者の意図、聞き手の解釈、それから、ある言語パターンから表出する社会的意味、人との関係性などを研究の対象とします。極めて簡単に言うと、「ちょっと暑いね」と誰か窓の近くにいる人に言うとします。そして発話者の意図は、「窓をあけてくれ」で、それを「窓をあけてくれ」と何かの理由ではっきり言わずに間接的に「ちょっと暑いね」と言った場合、「ちょっと暑いね」の発話行為は窓を開けてほしいという依頼になります。暑いねと言われた人が、依頼という発話行為を理解した場合窓をあけますし、そうでなければ、「そうか、暑いかい」というような反応をするかもしれません。このように、ある言葉の選択と、話者の意図、聞き手の解釈などを具体的な文脈で扱うのが語用論です。

　語用論の下位分野にポライトネスという研究分野があります。日本語でいうと、一般に丁寧性という言葉が用いられています。ポライトネスという用語自体、大変曖昧で、多様な埋解が可能です。例えば、「食べて」というのと「どうぞお食べください」、どちらが丁寧であるかと言った時に、一般的には当然「どうぞお食べください」のほうが丁寧だとなりますが、もし私が妻に「どうぞお食べください」と言われたら、これは何か変だと思うわけです。丁寧だとは到底思えません。要は、その状況に応じてどんな言葉遣いが期待され、適切とされるかということです。それは長い間一緒にいると適切な言葉遣いというのがわかっていて、その適切さからずれると、変だと感じたり、相手が気分を害しているのだろうかと勘ぐったりして、丁寧な言葉遣いだから丁寧とは必ずしも言えないわけです。つまり、言語表現の丁寧さと、ポライトネスという概念には必ずしも直接的な関係はありません。

それからポライトネスの研究の最近の動向として、「立場」や「わきまえ」という、日本の概念が西洋の学者などにも興味を持たれて、現在ポライトネスの研究の１つの焦点になっています。

　日本語の敬語も同じようにポライトネスの研究の大切なトピックになっています。敬語は日本語だけでなく、例えば韓国語にもあります。英語には、日本語や韓国語にみられるような敬語がありませんが、文法の中に組み込まれたシステマティックな敬語体系がないということであって、いわゆる丁寧な表現は当然あります。日本語の場合、自分の立場や相手との関係を言葉の中に自然に折り込んで、会話をします。むしろ、そうしないことが不可能と言えます。英語のように全くニュートラルな、つまり自分の立場や相手との人間関係を全く織り込まない表現は考えにくいのです。

　例えば、今、何時であるかを尋ねる時に、「今、何時ですか」「今、何時でしょうか」「大変申しわけないんですが、今、何時ですか」など、自分の立場、相手との上下親疎の関係によって、様々な言い様が想像できます。それでは、天皇陛下に時間を聞く場合どうなるかと考えた場合、当然、最上級の敬語を使わなければならないと発想します。しかしながら、よく考えてみると天皇陛下には時間など聞かないだろうということになって、大変ばからしい空論になるのですが、例えば英語だったら、What time is it? ということで、誰にでも同じ表現を使います。日本語では、相手との関係、自分の立場によって「今、何時？」とか「〜ですか」とか「〜でしょうか」のように変わっていきますので、日本語を発するときに、必然的に社会的関係性が敬語体系として表出してくるわけです。

　私の経験から、具体例を挙げてみましょう。私がオーストラリアで仕事のインタビュー（面接）を受けた時の話です。学部長がバイリンガル、つまりオーストラリア人で日本語が大変流暢な方でした。初めのうちは仕事の条件などについて日本語で話していたのですが、私のほうが若いし社会的地位も低いし、向こうは学部長だから、当然私が敬語を使うわけですが、私のほうが押されていて、明らかに劣勢でした。そうすると、給料や授業時間数などの交渉が難しくなるわけです。敬語を使っていると、上下関係が交渉に入り

込んでくるから、不利だなと感じましたが、日本語で話している以上、敬語を使わないという選択肢はありませんでした。そこで、これではだめだなと、心のどこかで思ったのでしょう、無意識のうちに英語にスイッチしていました。最終的には、詳細について英語で交渉しました。後で、考えてみると日本語を使っている時の自分というのは、やはり人間関係、社会的な要因などを全部受け入れ、その場に置かれた自分の立場をわきまえて発話していました。だからそれ相応の重苦しさというのがあり、交渉の言葉ではないと直感的に考えて、英語に変えた自分を今でもよく覚えています。

　ということで、日本語の敬語というのは語用論、その下位分野であるポライトネスの研究の面白い題材となります。具体的に、次の節では、話者の敬語の使用から、話者がどのように、自分の立場をわきまえ、社会的に期待された言葉遣いの型にはまることにより、どのようなメッセージを発しているのか、について考えていきます。また、メッセージの受信者として、ある場面や状況において期待される言葉遣いの型に敏感であることは、発せられた情報やメッセージの意図を見抜く力、すなわち、メディアリテラシーを身に付けることになるわけです。

4.　枝野官房長官（当時）の記者会見での官の文言

　本題に入って、枝野氏の言葉を見ると、圧倒的に多いのが謙譲語です。ここで言う謙譲語とは、文化審議会が平成 19 年にまとめた、「敬語の指針」による分類に基づいていますが、具体的には、「ております」が、287 回と一番多く、次に、「でございます」が 190 回、続いて、「いたします」が 159 回で、「申し上げます」が 97 回、国民に向けて使われています。敬語イコール丁寧ではないということを前節で述べましたが、体裁として国民に対してへりくだった表現を使っているわけです。ここでは、この言葉遣いの型に注目し、枝野氏が、自分がおかれた状況下で、どのように自分の立場をわきまえ、このような言葉遣いの型に収まったかというように見ていきます。私たちの日常の生活で用いられる敬語がどのような意図で用いられ、それがどの

ように解釈されるかは文脈や状況によって多様であり、当事者のみが知り得ることです。ここでは、枝野氏の本意を探るのではなく、枝野氏の言葉遣いの型と彼の社会的な役割の関係を可視化することを目的とします。枝野氏が、選んだ言葉の型は、ほとんど全ての文において謙譲語で結ばれています。これは、公式記者会見で政府のスポークスパーソンの言葉遣いとして、決して突出している訳ではなく、むしろ、期待される型にはまっています。つまり官の言葉遣いです。例えば、枝野氏の街頭演説を、彼が与党の大臣として行ったものと、野党幹事長という立場で行ったものを比べると、面白いことがわかります。政府与党の、行政刷新担当大臣という立場で演説をした時（枝野幸男街頭演説 2010 年 5 月 9 日）には、ほとんどの文末は謙譲語で結ばれていましたが、野党である民主党幹事長という立場での街頭演説（2014 年 12 月 7 日）は、ほとんどが、「です／ます」の丁寧体で結ばれています。このように枝野氏の発話のパターンで見る限り、謙譲語は官の、つまり政府側の立場の表象というか印だと言ってもいいでしょう。勿論謙譲語は、一般的に様々な状況で頻繁に用いられ、多様な社会的機能を果たしていますが、官の立場の表象としての役割もあるということです。例えば、政府関係者など、官の立場を担う人達は、その立場をわきまえて発言します。つまり、自分の役どころにはまった言葉遣いをします。それが、謙譲語で結ばれた、物言いなのです。国民としても官の立場の人達にそのような言葉遣いの型を期待しているわけで、両方向からの働きかけであるとも言えます。国会中継などを見ていると、与党側の答弁では、その官の文言が一貫して用いられていますが、野党側の質疑では、丁寧体も多く用いられています。例えば、当時野党であった自民党、村上誠一郎氏が枝野氏に、福島第一原子力発電所の非常事態時の一連の発言を問い正した時も、枝野氏は、一貫して謙譲語で結ぶ、官の文言の型を崩していませんが、村上誠一郎氏は、「こう言うような事実があるのに、国民に知らせなかったのはなぜかと聞いているんです。」（衆議院予算委員会 2011 年 11 月 8 日）のように、「お伺いする」などの謙譲語で結ばず、丁寧体を用いています。

　枝野氏の官の立場をわきまえた言葉の型は、官の文言となります。官の立

場をわきまえるということは、すなわち、国益を守り、国策を遂行する役割を担うということであり、官の文言には、国益を守るという意図が必ずあるということです。ここで、大切なメディアリテラシーとして、官の言葉の型から発せられる文言には、国益のなんたるかが見え隠れしていて、それを我々が、見極めることが大切だということです。具体的に言うと、枝野氏は、一個人として発言しているわけでなく、官の立場から、国益を優先し、国策を遂行するために発言しているということを私たちが認識しておくことが大切です。なぜなら、国家の危機的状況下において、国益は国民一人一人の命や人権を尊重することではないことが史実としてあるからです。戦時下の日本を見ると、当時の政府が軍部との交渉の中で思い描いた国益は、国民を戦争の深みへと導き多くの尊い命を奪いました。国益が必ずしも国民一人一人の利益につながるとは限りません。むしろ、そうでない事例を戦時下の歴史は物語っています。官の立場の人が、官の言葉の型で話している時は、その意図を注意深く見極める必要があるということです。我々一人一人が積極的に情報を収集して官の立場の人の文言の意図を理解する必要があるのだと考えます。

　次に、この官の文言の型を分析の装置として用い、隠された意味を可視化していきます。

　前にも述べましたが、私たちは、敬語を通して、立場をわきまえ、場を理解し、同時に対人関係、つまり相手との親疎上下の関係を表明しているわけですが、その点について、枝野氏の発言で留意すべきところがあります。

　3月11日の午後に原子力緊急事態宣言が出され、その中で枝野氏がこう述べています。「経済産業省の方から記者の皆さんにブリーフを経産省のほうでしていただこうと思っています」（原子力緊急事態宣言について　平成23年3月11日（金）午後）と。これは謙譲語を使っているわけですが、私は初め、耳を疑いました。国民の前で、官房長官が同じ政府内の経産省に対して謙譲語を使っているわけです。これは、一度だけではありません。「別途、経産省のほうでご報告をいただけるかというふうに思います」（原子力災害対策特別措置法の規定に基づく住民への避難指示について　平成23年3月

11日（金）午後）というように他の例もあります。この「いただく」という謙譲語は、国民に向け謙虚さを演出するものでもなければ、内（政府）と外（国民）を明らかにするものでもありません。内、つまりある組織内で用いられる敬語はその組織内の力関係を表象しています。ここでは、枝野氏の言葉遣いから、経産省優位という関係性が見えてきます。それでは、東電はどうでしょうか、当然気になるところです。

　そこで枝野氏の東電に関連する発言を見てみると、面白いことがわかります。3月15日の午前の記者会見で枝野氏は次のように発言しています。「これは正確なものを東京電力によって発表<u>させる</u>ようにしたいと思います」（東京電力福島第一原子力発電所第4号炉について　平成23年3月15日（火）午前）と、「東電に発表させる」といっています。それから、16日には「整理をした形でご報告を<u>させます</u>が」（被災地における燃料等の不足について　平成23年3月16日（水）午前）[2]と述べ、この部分には敬語が使われていません。

　ここでさらに、関係性が明らかになってきます。経産省→枝野官房長官→東電という力関係が見えてきます。敬語というのは、自分の立場、役割の表明であると同時に関係性を示す装置でもあるということです。日本社会においては、立場をわきまえること、場の空気を読む事が期待されますから、官の立場をわきまえた人達が、その役割に徹するがために人命や人権を優先せず、国益を守ってしまうこともあるのではないかと考えます。このように立場をわきまえることが時と場合によって、悪く作用することもあるのではないでしょうか。その敬語という役割表明装置があるから、敬語を使いながら、その役割にすぽっとはまった時点で、自分は政府を代表して、国益のために全力を尽くすのだというような、そういうスイッチが入ってしまうというのが私の議論です。この後述べますが、枝野氏の官をわきまえた文言から、パニック回避というディスコースが表出してきます。国家として非常事態に冷静に対応するという対外的な面子を守るということや、原子力発電の固守が国益として見え隠れしています。

　日本社会において、私たちは絶えず場と自分のおかれた立場を意識し、社

会的に期待された役割を担い、それをわきまえた物言い、立ち振る舞いをすることが期待されます。自分の発話や行為が社会的な期待に合わない場合、場違いとか、身のほど知らずとか世間知らずなどのラベルを張られてしまうことも多々あります。

　話を戻して、官の立場をわきまえた枝野氏が繰り返し言ったことに注目してみましょう。3月13日の会見で初めて枝野氏が放射性物質の人体への影響について言及していますが、「直ちに人体に影響を及ぼすような数値ではございません」ということを、ほんの2分ぐらいの間に6回も言っています。その他頻繁に用いられる言葉から浮き彫りになるのは、事態の楽観視、リスクの過小評価、国民の不安やパニックの回避であり、例えば「落ちついて」という言葉が16回、「冷静に」が13回、避難や屋内避難などの指示に関して、例えば「念のために」避難してくださいと言っていますが、それが9回。「万が一」「万一」が10回。このように頻繁に用いられた言葉から明らかになるのは、国民のパニックや不安を回避することが重んじられていたということです。枝野氏は、それを自分の役割だと感じていたのだろうと思います。それが自分の立場をわきまえた、謙譲語で結ばれる官の文言から、表出しています。

　しかし、国民を安心させ、パニックを回避しようとするあまり、人命を軽視してしまったのではないかと思います。このことが頻度数が多い言葉からも明らかになっています。早い段階で、より広範な避難勧告をすることで、多くの人の被曝を最小限にできたのではないかという議論が、多くなされています。例えば、米国原子力規制委員会が2012年2月21日に、大震災後10日間の委員会内部の緊急会議の内容を議事録で発表しましたが、独自のシミレーションの結果、半径80キロメートルの避難勧告が妥当であったとしています。当時、福島第一原発付近の住民に出されたのは、半径20キロメートルの避難指示でした。

　残念ながら歴史は繰り返します。図1は、戦時中、昭和13年の防空図解で、水島・大前（2014）による『検証　防空法：空襲下で禁じられた避難』という本に引用された図です。

図 1 「防空図解」昭和 13 年（東部軍司令部監修　赤十字博物館編纂[3]）

　焼夷弾が降ってきたら、ともかく水をかけろということです。スコップでそれを持って、外にやれば被害は最小限に抑えられるというのです。この手順で冷静に行動すれば、大丈夫だから、避難せず、消火活動に励めというのです。軍部は焼夷弾の威力を既に熟知していましたから、人命よりも国民の戦意喪失の回避を優先していたことがわかります。しかし、空襲を 1 度食らえば、こんなことはうそだということはすぐわかるわけですが、多くの人が、避難せず、多大な犠牲者が出てしまいました。実際のところ、当時、国民は避難しないことを選択したわけではなく、国民は避難することを禁止されていたことが、『検証　防空法　空襲下で禁じられた避難』で明らかにされています。具体的には、「空襲時ニ於ケル退去及事前避難ニ関スル件」つまり、1941 年 12 月 7 日（真珠湾攻撃の前日）に内務大臣東条英機（当時内閣総理大臣兼務）が発した通達で「退去ハ一般ニ行ハシメザルコト」と記されていました（水島・大前 2014、56 ページ）。

　このように、同じことが繰り返されています。官の立場をわきまえた人たちは国益を優先し、人命を軽視するということです。これは我々一人一人が知っておくべきことだと考えます。官の立場を担った人が国民に嘘をつくのではなくて、国益を守るための官の立場をわきまえてしまっているため、国

益を見据えた国策の遂行が官の正義なのだということを我々がわかっておく
必要があると思います。更に言うなら、もし自分が官の立場だったら同じこ
とをするだろうなということも認識しておくべきだと思います。

　「官の立場の人は嘘をつく」では、国民の政治への不信を煽るもので、そ
こから何も始まりません。官の立場の正義ということを理解した上で、我々
一人一人が情報を広く集め判断していかなければいけないのだと思います。

5.　野田元首相の収束宣言と謝罪

　それから、もう一人、官の立場を担う人ということで、野田首相（当時）の
言動を調べてみます。枝野氏と同じように、謙譲語で結ばれた官の文言が用
いられています。ここでは、謝罪の型と発話行為としての謝罪の機能につい
て考えていきます。メディアリテラシーとして、発話行為の機能に敏感であ
ることは、非常に大切です。野田氏は、原発事故収束宣言に際して次のよう
に謝罪をしました。「大変多大なご心配をおかけし、大変ご迷惑をおかけい
たしました、申しわけございませんでした」（野田内閣総理大臣記者会見平
成 23 年 12 月 16 日）[4] と、謝罪の定型句を連ねていますが、補償や、どのよ
うに被災された人達を守るかなどについて、具体案が何も示されていないと
いうことで、これは、国益を見据えた上で、非常事態の収束のための謝罪で
あると言えるのではないでしょうか。

　それから野田氏は感謝もしています。「国民を代表して、改めて感謝を申
し上げます」「感謝をいたします」と、謙譲語で結ぶ文言を繰り返していま
す。感謝の発話行為は、その場をおさめるには有効な手段です。例えば、知
り合いと会って、別れるときに何と言うだろうかとちょっと考えてみると、
「きょうはいろいろありがとう」「いやいや、こちらこそ、どうもありがと
う」、というような感謝の表現が思い浮かぶのではないでしょうか。感謝の
表現が物事の終止符となっていることが多いので、感謝の表現がないと、何
かおさまりが悪い、つまりおさまらないわけです。「きょうはごめんね、忙
しいのに」「いやいや、こちらこそ、僕も本当にありがとう、楽しかった」

「いえいえ、とんでもない、ありがとう」というように、物事の収束には、感謝や謝罪の定型表現が社会的に期待されているということがわかります。

　感謝や謝罪の定型表現が場をおさめるために不可欠であるということは、企業や芸能界での不祥事の際のある行為によってもよくわかります。不祥事が明るみになった時に、当事者または責任者らが深々と頭を下げ、カメラのフラッシュがしばらく続くというような光景をテレビでよく目にします。誠意をもって謝罪をするというより、その場をおさめるという色合いが強い儀礼的なものが多いのですが、公の場での謝罪をしないと、場がおさまらないし、一般大衆からの理解も得られないということになります。

　原発事故の収束宣言が妥当であったとは言えませんが、野田首相(当時)の感謝や謝罪の表現は、非常事態の収束を宣言するには不可欠なものであると同時に、一定の効果もあったと思います。危険を冒して日本を救うために尽力した作業員に感謝の意を表すことで、首相として国民をまとめ、国家としての一体感を共有し、国民の士気高揚のために効果があったのではないでしょうか。菅内閣総辞職後、総理大臣に就任した野田氏が「福島の復興なくして日本の復興無し」と発言し、福島の復興を急いでいましたが、原発事故後の問題は山積みであり、収束宣言は現実を反映したものではありませんでした。しかしながら、野田氏が復興を急ぐあまり、まず収束という体裁を、謝罪、感謝の型で整えたと理解することができます。

6.　収束宣言からクールジャパン

　ここでは、官の言葉の型から少し離れますが、メディアリテラシーとして、大切な内容を扱います。政府が、何を国益と見据えるかで、政策としてのクールジャパンの意味内容が変化していく様子を見ることで、政策の背後にある意図を読み取ります。具体的には、これまでの、アニメや漫画などの文化紹介事業というような平和で無害なイメージがあったクールジャパンというコンセプトが、東日本大震災以降質的な変化を遂げたということを、大震災後のクールジャパン提言に頻繁に表出する言葉を拾いながら示し、それ

が何を意味するのかを考えていきます。

　収束宣言の後、日本の復興への歩みとクールジャパン政策が合流することになります。つまりクールジャパン政策が復興というイメージ創りを積極的に発信するようになります。クールジャパン政策の原形は、2005年の経産省主導で取り組んでいた「日本ブランド戦略の推進」や「知的財産推進計画2005」まで溯ります。これらは、日本経済が人口減にともなって縮小傾向の一途を辿るため、その経済的負の部分をどう埋めていくかということで、日本の持つソフトパワーに注目し、海外で人気があるアニメや漫画などのコンテンツを新たな収入源として見込めないかというのが始まりだったわけです。ここで浮き彫りにされる国益とは日本のソフトパワーを駆使した経済活動とそのための日本のより良いイメージ創りです。「日本ブランド戦略の推進」には次のように書かれています。

　　　我が国が21世紀において世界から愛され尊敬される国となるためには、軍事力や経済力といった強制や報酬ではなく、文化力といった日本の魅力によって望む結果を得る能力（ソフトパワー）を高めることが鍵となる。ここで言う文化力や日本の魅力とは、安全、安心、清潔、高品質といった日本に対する好感度を背景とした、我が国の独創性・伝統・自然との調和に根ざした日本文化がその源泉である。
　　　　　　　　　　　　　　　　　　　　「日本ブランド戦略の推進」(p.2)

　しかし、2011年のクールジャパンの提言の前文を見ると、明らかにクールジャパンに関する政策の変更が明らかになってきます。「東日本大震災は多くの日本人の心に、母国日本の根幹とは何か、故郷日本の姿は何であってほしいか、未来日本のビジョンはどうあればいいのかという、3つの大きな問いを投げかけた。」とあり、大震災がクールジャパン政策の転機となることを示唆しています。実際に、復興の物語がクールジャパン政策と合致し、発信されていくことになります。

　ここで、注目したい点は、「日本人の心」、「母国日本の根幹」、「故郷日本

の姿」はどれも一見、取り立てて強制力のある文言ではありません。むしろ、日本が根幹から揺るがされ、多くの死傷者を出した大震災後には自然と出てくる言葉なのかもしれません。しかし、批判的に考えてみると、これらは内向きで、排他的な発想であり、一元的な単一民族主義的思想に根ざしているということがわかります。例えば、これらの文言には、在日外国人は排除されているわけです。加藤 (2014) は、著書『九月、東京の路上で 1923 年関東大震災ジェノサイドの残響』で、朝鮮人が井戸に毒を入れ、暴徒化しているというデマが流れ、多くの朝鮮人が虐殺されたという史実と現在世にはびこるヘイトスピーチを、関連付けて述べています。震災後などの危機的状況下において潜在的な人種差別的意識が顕在化するという 1 つの例ですが、さらに掘り下げて考えると、よそものを排除するという行為は、「私たち」を守るという理屈で正当化され得るからではないでしょうか。震災後の困難を「私たち皆が団結して乗り越える」という至極善良な考えの隣には、よそものは排除するという考えも同居しうるということも覚えておく必要があります。そう考えると、昨今のヘイトスピーチという社会現象は、震災後の風潮の 1 つの表れなのかもしれません[5]。

　この提言の中には、被災、復興、再生という言葉がそれぞれ 15 回、22 回、22 回用いられているということで、明らかに 2011 年以降のクールジャパン政策は、復興が 1 つの重点事項になったことがわかります。例えば、具体的には、復興の物語を映像化して世界に発信せよというものです。「被災者の方々が互いに助け合いながら立ち上がっていく姿」、「被災した工場を早期に復旧していく従業員や経営者の姿」、「外国人が見た被災地域の姿」「地域の人が地元の文化財や景観を大切にしている様子」(新しい日本の創造　クールジャパン官民有識者会議　提言 2011・8) を映像化し世界に発信せよということで、様々な動画が、インターネットを介して出回りました。つまりこの提言が直ちに政策として動き出したことがわかります。予算が組まれ、大手広告会社が提言に謳われているイメージを映像化して、配信することになります。このような具体的なイメージ創りという意図で動画が創られ、世界に向けて発信された場合、現実の状況と大きく懸け離れた理想的な

物語が世界に向けて語られるということになります。

　この提言の 1 週間後に、ある東京の有名国立大学に、文科省から役人が赴き、学生に以下のような質問をし、その映像をインターネットに載せています。

（１）　なぜ日本を留学先として選んだか。
（２）　大震災があったが、日本に来る前に不安でなかったか。
（３）　実際に日本に来てどうだったか。
（４）　これから日本に留学をしようとしている人に一言

　（1）については学生によって、理由は異なりますが、次のような共通の内容が学生へのインタビューから導かれています。(2)日本に来る前は不安だったが、(3)放射能の問題、震災の影響もあまりない、(4)日本は安全だから、心配しないでください。このような内容のインタビュー動画が文科省のウェブサイトに即座にアップされるわけです。

　このように復興の物語とクールジャパン政策が合流することで、強力に復興のイメージ創りが進みますが、どれだけ現実を反映しているのかという批判的な眼差しをもって、真偽を見極める必要があります。国益を害する現実は当然映像化されず、語られることはありません。

7.　おわりに

　このようなクールジャパン政策が、そのときの内外の情勢や国益によって形を変えていくということがわかりました。2014 年 8 月 26 日に発行された最近のクールジャパン提言には、「復興」という言葉が一度しか使われておらず、それも「世界中で衰退の危機に瀕する工芸業界を日本が率先して復興すべき」(34 ページ) だとあり、東日本大震災からの復興ではありません。「被災」、「再生」という言葉は一度も出てきません。頻度の多い言葉として、クリエーティブ (42 回)、デザイン (30 回)、コミュニケーション (15

回）、イノベーション（7回）となっていて、焦点がシフトしていることがわかります。2013年11月に、政府と民間企業が共同出資し、クールジャパン機構が設立されたことで、今まで、海外市場に消極的だった中小企業が、様々な支援を受けられるようになり、2016年の経産省が発表した『クールジャパン政策について』と題するパワーポイントの資料（経産省2016）には、重点の置かれている部門で数々の成功例が報告されています。

これからは、徐々にクールジャパン政策の焦点が東京オリンピックに移っていくだろうと思われます。なぜなら日本のより良いイメージ創りにはこれ程よい機会はないからです。おそらく、クールジャパン政策に沿って、クリエーティブ、デザイン、コミュニケーション、イノベーションなどのキーワードが具現化され、ものづくりの精神で、緻密に丁寧に、おもてなしの心を持ってジャパンブランドが演出されるはずです。しかしながら、東日本大震災の復興については語られることは少なくなるでしょう。本当の意味での復興、つまり被災者が誇りをもって、安全で安心な未来を描けるような日がくるまで、国は支援を続けていかなければなりません。国益とは何か国益として何を据えるかということが、政策を形作ります。そして、官の立場を担う者が、国益のなんたるかをわきまえ、政策を進めていくのです。残念ながら、国が震災などの困難に直面した時、国民一人一人の人命や人権は尊重されず、国益本位で国は動いていくということを私たちは見てきました。危機的状況下では特に、国益を睨んだ政策の遂行には国民の犠牲が伴うということも見てきました。ここでの学びは、官の立場をわきまえた者の文言は人命や人権ではなく国益本位であること。彼らは必ずしも嘘をついているのではなく、立場をわきまえ官の正義から、官の言葉の型で発言しているということです。私たち一人一人が、広く情報を集めて判断することが大切だということです。それから、クールジャパン政策で見たように、ある意図を持って映像化されたイメージが、国家政策として大量に世界に向けて発信された場合、それらのイメージは、現実から懸け離れた物語を語りだすということです。このように批判的な眼差しと言葉に対する感受性を持つことは、メディアリテラシーの大切な資質であると考えます。

注

1 復興庁平成 26 年 2 月 26 日「全国の避難者等の数」
〈http://www.reconstruction.go.jp/topics/main-cat2/sub-cat2-1/20140226_hinansha.
pdf〉(2016.8.18 リンク確認)

2 官房長官記者発表
〈http://www.kantei.go.jp/jp/tyoukanpress/201103/index.html〉(2016.8.18 リンク確認)

3 国立公文書館デジタル　アーカイブ「落下した焼夷弾の処理」
〈http://jpimg.digital.archives.go.jp/cdirnaj/najimageviewer.aspx?dtype=1&ini=lossy/
kouseisai/poster/boukukankei_bouka/bouka_008.JP2&f=bouka_008.JP2&lang=
default&page=null〉(2014.3.5 リンク確認)

4 「野田内閣総理大臣記者会見」平成 23 年 12 月 16 日
〈http://www.kantei.go.jp/jp/noda/statement/2011/1216kaiken.html〉(2016.8.18 リン
ク確認)

5 関東大震災後もヘイトスピーチが横行した背景を加藤(2014)も報告している。

参考文献

加藤直樹(2014)『九月、東京の路上で 1923 年関東大震災ジェノサイドの残響』ころか
ら

水島朝穂・大前治(2014)『検証　防空法　空襲下で禁じられた避難』法律文化社

デジタル資料

「新しい日本の創造　クールジャパン官民有識者会議　提言 2011」
〈http://www.meti.go.jp/committee/kenkyukai/seisan/cool_japan/2011_hou-
koku_01_00.pdf〉(2016.8.18 リンク確認)

「枝野幸男街頭演説」2010 年 5 月 9 日行政刷新担当大臣・衆議院議員　枝野幸男　街
頭演説
〈https://www.youtube.com/watch?v=ytSzODPKfp4〉(2016.8.18 リンク確認)

「枝野幸男民主党幹事長　新宿駅東口　街頭演説」2014 年 12 月 7 日【2014 衆院選】
〈https://www.youtube.com/watch?v=teQuQYKym7Y〉(2016.8.18 リンク確認)

官房長官記者発表平成 23 年 3 月リスト
〈http://www.kantei.go.jp/jp/tyoukanpress/201103/index.html〉(2016.8.18 リンク確
認)

「官邸ホームページビデオ資料」
〈http://nettv.gov-online.go.jp/prg/prg4543.html〉(2016.8.18 リンク確認)

「クールジャパン政策について」経産省 2016 年 4 月
〈http://www.meti.go.jp/policy/mono_info_service/mono/creative/

CJseisakunitsuiteApril.pdf〉（2016.8.18 リンク確認）

「原子力緊急事態宣言について」平成 23 年 3 月 11 日（金）午後
　　　〈http://www.kantei.go.jp/jp/tyoukanpress/201103/11_p3.html〉（2016.8.18 リンク確認）

「原子力災害対策特別措置法の規定に基づく住民への避難指示について」平成 23 年 3 月 11 日（金）午後　〈http://www.kantei.go.jp/jp/tyoukanpress/201103/11_p4.html〉（2016.8.18 リンク確認）

衆議院予算委員会 2011 年 11 月 8 日　村上誠一郎［福島原発事故の政府対応について］〈http://www.youtube.com/watch?v=Hpfl6Locb0〉（2016.2.11 リンク確認）

「知的財産推進計画 2005」
　　　〈https://www.kantei.go.jp/jp/singi/titeki2/kettei/050610.html〉（2016.8.18 リンク確認）

「東北地方太平洋沖地震に関する菅内閣総理大臣記者発表」2011 年 3 月 11 日
　　　〈http://www.kantei.go.jp/jp/kan/statement/201103/11kishahappyo.html〉（2016.8.18 リンク確認）

「日本ブランド戦略の推進」
　　　〈http://www.kantei.go.jp/jp/singi/titeki2/tyousakai/contents/houkoku/050225hontai.pdf〉（2016.8.18 リンク確認）

米国原子力規制委員会議事録（2012 年 2 月 21 日）〈http://pbadupws.nrc.gov/docs/ML1205/ML120520264.html〉（2016.8.18 リンク確認）

図版出典

図 1「防空図解」昭和 13 年　東部軍司令部監修　赤十字博物館編纂
国立公文書館デジタル　アーカイブ「落下した焼夷弾の処理」
　　　〈http://jpimg.digital.archives.go.jp/cdirnaj/najimageviewer.aspx?dtype=1&ini=lossy%5Ckouseisai%5Cposter%5Cboukukankei_bouka%5Cbouka_008.JP2&f=bouka_008.JP2&lang=default&page=null〉（2014.3.5 リンク確認）

マスコミの言説に潜む誘導性
—NHK「時論公論」の場合—

庵　功雄

1.　はじめに

　この章では、NHK の「時論公論」という番組[1]の「見出し」を分析し、その中に反映している意識を取り出すという作業をしてみたいと思うのですが、まず、以下の番組の 3 つの見出しを見てください。

（1）　天安門事件から 25 年　矛盾深まる中国（2014.6.5）
（2）　福島県川内村　復興へ続く苦難の道（2014.9.27）
（3）　変わる安全保障政策（2014.4.12）

　これらはいずれも「時論公論」の見出しですが、下線部の表現からどのような印象をお持ちになるでしょうか。(1)(2)の下線部、「矛盾」や「苦難」、これらは中立的な表現では通常使わないことばだと思いますが[2]、そういうものが使われています。それに対して、(3)は安全保障政策が変わるということをただ客観的に伝えているだけです。

　例えば、「矛盾深まる中国」と聞くと、やはり中国に対してある一定の価値観を含んでいるということを読み手は感じるだろうと思います。一方、「苦難」ということばからは、被災者に対する寄り添いといったことが感じられるでしょう。これは、何か特別の意図を持って読めば、ということではなくて、こういう文言を見れば自然にそういうふうに感じるということです。つまり、見出しというものはある一定の方向に引っ張る性質（誘導性）を

持っているということになります。この章では、見出しが持つこうした誘導性について考えてみたいと思います。

2. ことばに反映する社会の潜在意識

　この節では、具体的な分析に入る前に、ことばの中にはそのことばを使っている社会の潜在意識が反映しているということについて考えてみたいと思います。

「女医(さん)」はあるのに「男医(さん)」はないのはなぜ？[3]
　はじめに、次の文を考えてみましょう。

（４）　昨日、｜男の医者／女の医者｜ に診てもらった。

　この場合は ｜ ｜ の中のどちらの言い方も使えます。では、次の文はどうでしょうか。

（５）　昨日、｜×男医(さん)／○女医(さん)｜ に診てもらった。

　この場合は、「女医(さん)」は問題ないですが、「男医(さん)」とは言いません。しかし、「女の医者」が「女医」なら、「男の医者」を「男医」と言ってもいいはずです。では、なぜ「男医」という言い方は存在しないのでしょうか。
　言語学に、「有標」と「無標」という概念があります。「有標」は "marked" という英語の訳で「標が有る」、「無標」は "unmarked" の訳で「標が無い」という意味です。簡単に言うと、ある概念について、AとBという概念が対立しているとき、「有標」というのは「特別な場合」に当たり、「無標」は「普通の場合」に当たります。
　例えば、寿司には、わさびが入っている場合と入っていない場合がありま

すが、(回転寿司ではない寿司屋の場合は) 普通の(無標の) 場合はわさびが入っており、わさびが入っていないのは特別な(有標の) 場合です。ここで、「(わ)さび抜き」という注文の仕方はありますが、「(わ)さび入り」という注文の仕方はありません。つまり、「さび抜き」という語はあるのに対し、「さび入り」という語は存在しないということです。

この例からわかるように、一般に、1つの語として存在するのは「有標」の概念の方です。このことを踏まえて「女医／男医」の例を考えてみると、「女医」という語は存在するのに「男医」という語は存在しないのは、「医者」という概念の中で「女」が「有標」だということを表していると考えることができます。言い換えれば、「医者」といえば普通は「男」を意味する (ちょうど、「寿司」と言えば「わさびが入っている」のと同じように)ので、あえて「女」だと言いたい(=「有標」の)ときのために「女医」という語はあるが、「男」は当たり前(=「無標」)なので「男医」という語は存在しない(ちょうど、「さび入り」という言い方が存在しないように)ということです[4]。

このことから、「女医」という語には、日本社会の女性に対する見方が反映していると考えることができますが、同じようなことは、「女だてら、男勝り、女の腐ったような奴」といった表現にも表れています[5]。こうした男女の違い(性差別につながることも多い)に関係する問題を「ジェンダー問題」と言います[6]。

このように、ことばには、その社会が持っている潜在的な意識が反映することがよくあります。この章で「見出し」を分析するのもそうしたことを意識した上でのことです。

3. 「見出し」の分析

この節では、「見出し」の分析を行っていきますが、はじめに、「時論公論」という番組についてと、分析に用いる「コーパス」について簡単に説明したいと思います。

(1)「時論公論」について

　本章では、「時論公論」という番組の見出しを分析対象とするわけですが、なぜこの番組を扱うことにしたかというと、それには次のような理由があります。私は、留学生に日本語を教える仕事をしていて、学部留学生対象の日本語の授業で取り上げるためにこの番組を毎回録画しています。実際には映像があるわけですが、相当上級の学生なので、映像を見ると内容が大体わかってしまうので、授業では、映像を見せないで、音声だけで聞いて、その内容を把握するという課題をやっています。

　この授業は、これまで7年間やってきました。その授業のために毎年全ての回の番組を録画しています。ただ、そのときの1回きりの事件や時事性が強すぎるものはやってもあまり意味がないので、大部分は使えません。年間200本以上撮っても使えるのは数本です。しかし、一応全部撮っています。もちろん要らないのは消去していますが、基本的に放送を録画したもののうち、必要なものは残してあります。

　こうした形でずっと番組を見ていくと、見出しの中に、ジャンルによって、一定の方向性があるのではないかということに気づいたわけです。本章ではこのことを、実際の数を挙げて、確認してみたいと思います。

(2)「コーパス」を使った分析

　今回の分析では、「コーパス」というものを使います[7]。

　コーパスというのは、簡単に言うと、ある言語、日本語なら日本語、英語なら英語における、言語データからなるデータベースのことです。コーパスを作る際、文字データであれば、基本的にそれをそのままテキストデータにし、音声データの場合はいったん文字化して、それをテキストデータにするという形で書きことばや話しことばをコンピューターで検索できる形にしたもの、それがコーパスです。

　今回のコーパスは、インターネットで公開されている「時論公論」の本文[8]をテキストファイルとして読み込んだものの中で、特に見出しを対象にしたものです。

(3)分析の手順

分析の手順は次の通りです。

まず、各回の放送を内容別に分類します。つまり、これは中国に関係するもの、これは原発に関係するもの、これは日本の政治に関係するもの、これは何とかに関係するものというふうに分類していきます。これをコーパスの研究では「タグづけ」と言います。「タグ」というのは、商品につける札のことです。バーコードなどがついているもの、あれをタグというのですが、それと同じように、特徴ごとに印をつけること、これをタグづけと言います。タグ付けの具体的な方法は、例えば、次の通りです。

今、見出しのジャンルと、見出しの中に中立的な語が使われているかどうかを分類の観点だとします（もちろん、これ以外の要因を考察に入れてもかまいません）。まず、エクセルの表に見出しが入っているファイルを作ります。次に、その隣にその見出しのジャンル（原発、日本政治、日本経済など）の中から一つジャンルを選び、そのジャンルを表す語（例えば、「日本経済」）を当該の見出しの横に書きます。同様に、中立的かどうかを判断して、「中立的」「非中立的」といった語をその隣に書きます（ジャンルでも、中立性の判断でも、語を入れる代わりに、数字とジャンルや中立性の判断に関する要素の関係が定義されていれば、数字を入れてもかまいません）。

今回は10種類ぐらいに分けたのですが、その中で特に、「中国関係」と「原発関連」と「日本政治」とタグがつけられたものについて比較をしてみたいと思います。

(4)歴史教科書の分析

今回の分析結果について述べる前に、コーパスを使ったものではないのですが、今回私がやろうとしていることに関連する研究として、大阪大学の石井正彦さんの研究をご紹介します。

石井さんの研究（石井2012）は、『新しい歴史教科書』とそれ以外の中学校の全ての教科書、『新しい歴史教科書』を入れて8冊を対象にして、どういう特徴があるのかということを調べたものです。この教科書は「偏向」して

いると言われることがあるわけですが、それが本当かどうか、本当だとすれば、どういうところにそうした特徴が現れているのかということを、さまざまな文法的、語彙的な特徴から考察したのが石井さんの論文です。

例えば、いくつか結論が出ているわけですが、その中の一つは、『新しい歴史教科書』だけが日本の戦争責任にかかわる部分などで一貫して自動詞や受身を使っているということです。この自動詞や受身というのは、簡単に言うと、「誰がした」ということを表に出さない言い方です。つまり、「そういうことがあった」とか「そういうことになった」とか、そういう言い方です。ですから、例えば受身というのは役所の公的文書などによく使われていて、非常に無責任な言い方だと言われることがありますが[9]、そういうものが一貫して使われているのです。

例えば、「日清両軍が衝突して日清戦争が始まった」、これが『新しい歴史教科書』の記述ですが、別の出版社だと「日本は開戦した」「日本は清と開戦した」という他動詞を使っています。つまり、主体を表しているわけです。

それから、「国家総動員法によって議会の同意なしに物資や労働力を動員できる権限を与えられた」、このように「政府は〜与えられた」という言い方をすると、結局はその権限はどこかから降ってきたということになるわけです。それに対して別の出版社は、「政府は統制できる強力な権限を握った」というふうに他動詞を使っています。

つまり、他動詞を使うと、責任の主体を明示しなければいけないわけです。それに対して、自動詞とか受身を使うと、そういうことを隠すことができます。『新しい歴史教科書』は、責任の主体を隠す表現を日本の戦争に関するアクションに関する部分で一貫して使っているということなのです。これはもちろん、自動詞や受身を他の出版社が使っていないということではありません。ただし、他の出版社は、全ての場合において使っているわけではなく、全ての場合において使っているのは『新しい歴史教科書』だけだということです。

この章でやってみようとするのは、この石井さんの論文のように、情報の

送り手の意図を言語表現の中から取り出すという作業です。

4. 分析結果

本節では、「時論公論」の見出しの分析結果について述べます[10]。それは、注10でも指摘したように、現在の日本におけるメディアリテラシー（後述）を考える上で、「見出し」が重要な意味を持っているからです、

(1) 分布と実例

まず、全体的な分布を見ます。

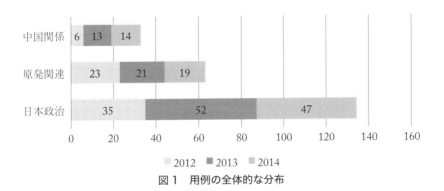

図1　用例の全体的な分布

図1では絶対数も考慮に入れた形でグラフにしています。そのため、「中国関係」が一番少なく、「原発関連」がその次で、「日本政治」が一番多くなっています。「日本政治」が全体の4割ぐらいですが、やはり、最も多くを占めているということです。ただし、年度ごとの割合はそんなには変わっていません（これは実際に統計的な検定をかけても有意差はありませんでした）。

次に、実際の例を挙げます。

【中国関係】
　　天安門事件から25年　矛盾深まる中国（2014.6.5）

中国　日本船差し押さえの衝撃(2014.4.24)

　　どん底で迎える　日中国交正常化 40 周年 (2012.9.27)

　　激震日中関係　反日デモ (2012.9.18)

　　中国共産党　重慶事件の波紋 (2012.6.5)

【原発関連】

　　福島県川内村　復興へ続く苦難の道 (2014.9.27)

　　見直し迫られる原発汚染水対策 (2014.9.2)

　　原発避難自殺　心の悲鳴を聴け (2014.8.27)

　　川内原発審査終了へ　原発再稼働に進むのか (2014.3.14)

　　原発事故 3 年　廃炉への遠い道のり (2014.3.12)

【日本政治】

　　アベノミクスの是非を問う選挙 (2014.11.29)

　　集団的自衛権〜どうなる議論の行方〜 (2014.5.29)

　　変わる安全保障政策 (2014.4.12)

　　新年度予算成立〜焦点は集団的自衛権へ (2014.3.21)

　　内閣改造と消費税政局の行方 (2012.6.4)

(2)「中立的」「非中立的」

　こうして見てみると、「中国関係」のものは、下線部の表現に見られるように、「非中立的」なものが多いです。「原発関連」の「苦難」「心の悲鳴」などもそうです。「再稼働が進むのか」というのは反語で、そんなことをしていいのかということを含んでいます。

　これに対して、「日本政治」の見出しを見ていくと、例えば集団的自衛権にしても、それについて担当者(解説委員)がどういう立場をとっているかということは表明していないわけです。要するに、どうなるかわからないというか、どうなるかを説明しますということですから、特定の価値観には立っていない、つまり、「中立的」であるということです。

　今回の分析は言語学的に厳密なものではありませんが、「非中立的」と判断した基準は次のようなものです[11]。

・通常のニュースでは使わないと思われる語（例：激震（日中関係）、どん底、矛盾深まる（中国）、心の悲鳴、苦難の道、"いばらの道"）

・「を」で終わる要求表現（例：原子力規制体制の強化を、危機へ総力対応を）

・「のか」で終わる疑問文（反語）（例：今年をどう乗り切るのか、原発再稼働に向かうのか、幕引きは許されるのか）

・その他、筆者の主観を表していると考えられる表現（例：やまぬ中国軍拡、課題山積、2閣僚問責の重み、マイナンバー残る疑問）

次に、この分類基準から見た例を挙げてみます。

「中立的」なものの例：

　特定秘密保護法案修正合意—衆議院通過へ（日本政治 2013.11.2）

　税制改正大綱決まる（日本政治 2013.12.1）

　日中民間対話その成果は？（中国関係 2013.11.2）

　原発　再稼働判断へ（原発関連 2012.3.23）

「非中立的」なものの例：

　危うさ潜む新年度予算案（日本政治 2013.1.29）

　天安門車炎上事件の衝撃（中国関係 2013.10.3）

　中国全人代　今年をどう乗り切るのか（中国関係 2012.3.6）

　深刻さ続く原発汚染水（原発 2013.12.2）

　核のゴミ処分に道筋を（原発 2013.11.1）

このように、「中国関係」や「原発関連」は非中立的なものだけとか、「日本政治」だから中立的だけということではなく、その逆もあります。なお、例えば、「再稼働判断へ」は、取りようによっては中立的でないかもしれません。ただ、見出しだけを見る限り、見出しの言語的な要素から見る限りは中立的に見られるかと思います。これをグラフにしてみると、図2のようになります。

　図2は全体の比率を見たものですが、これを見ると、やはり、「中国関係」と「原発関連」に関しては非中立的なものが多く、「日本政治」に関しては中立的なものが多いということがわかります[12]。

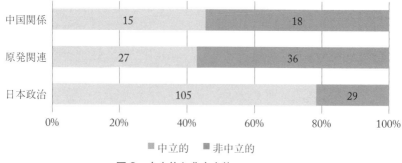

図2　中立的と非中立的

　このように、「中国関係」、「原発関連」に非中立的なものが多く、「日本政治」に中立的なものが多いのですが、「中国関係」と「原発関連」では、同じく「非中立的」と言っても、方向性がやや違います。つまり、「中国関係」の場合は、非難ということばを使うとすれば、非難の対象が「中国」に向かっているのに対して、「原発関連」の場合は、非難の対象が「政府」または「東電」に向かっているのです。また、被災者たちに寄り添うという方向性もあります。これに対して、「日本政治」は基本的に中立的な表現が多いというのが見出しを分析した結果です[13]。

(3)メディアリテラシーの観点から

　ここで、これまでの分析でわかったことを、「メディアリテラシー」という観点から少し考えてみたいと思います。

　「リテラシー」は元々は「読み書き能力」の意味ですが、現在は、「コンピューターリテラシー」のようにそのものを活用できる能力の意味で使われることが多いです。「メディアリテラシー」というのは、テレビや新聞などのメディアが提供している情報を鵜呑みにせず、その背後にある情報の送り手の意図などを適切に理解して情報を選択できる能力のことです。

　このメディアリテラシーの観点から今回の結果を考えると、次のようなことが言えるのではないかと思います。

1. 「見出し」にも情報の誘導性があることを自覚する必要がある。
2. 普段のニュースで使われない表現や、感情的な表現が含まれていたら、そこには筆者の何らかの意図が含まれていると考えてみる。
3. 疑問文の形をとった修辞法もあるので注意する。

これ以外に、インターネットニュースなどにおいては、そのニュースの配信元がどこであるかにも注意する必要があるでしょう(注 10 参照)。

5. 「言論の自由」と「言論の義務」—1.17、そして、3.11—

さて、ここで、本論からやや離れるのですが、現在のマスコミの報道姿勢について少し考えてみたいと思います。

(1)「1.17」前後のテレビの報道時間数

2015 年 3 月 11 日が過ぎ、東日本大震災から 4 年以上経ちましたが、2015 年は 1.17 阪神・淡路大震災から 20 年に当たる年でもあります。その 20 年目の週(17 日金曜日を挟んだ週)に、正確に数えたわけではないですが、少なくとも全民放が震災について伝えた総時間数と NHK が震災について伝えた総時間数は、決定的に違います。1 月 17 日を挟んだ 1 週間の全部の民放を足しても、NHK 1 日分にも到底及ばないと思います。そして、何より、多くの人がテレビを見る時間帯に、そういう震災に関する報道がなされたということは全くありませんでした。

これが何を意味するかということですが、よく「言論の自由」ということが言われます。2015 年 1 月にフランスで起こったテロのときも、このことは盛んに論じられました。しかし、「言論の自由」と言う場合、「自由」ということは、日本国憲法にも定められているように、常に「義務」を伴うものです。そういう点から考えると、日本のメディアの、特にテレビの「義務」というのは何かと言えば、やはり伝え続けることだろうと思います。そういう点からして、今の民放のあり方は本当に正しいと言えるでしょうか。

確かに、NHK の報道も 4 節で見たように、日本の政治に対しては非常に「中立的」、よく言えば中立的ですし、悪く言えば立場を表さないという形になっています。それは多く批判されるわけですが、一方で、原発については一貫して報道し続け、問題点を指摘しているということ、そして、阪神・淡路大震災についてもずっと、今年だけではなくて、毎年 1.17 の前後には必ず放送している。そういうことをやはり見る必要があると、私は個人的に思います[14]。

(2) The Economist の記事

　さて、こうした日本国内の報道姿勢に対して、次のようなものもあります。イギリスの雑誌 The Economist 電子版の記事です[15]。著作権の関係で、本文は掲載できませんので、興味がある方は掲載している URL から原文に当たっていただきたいのですが、3.11 の被災者が過酷な生活を余儀なくされている現状を無視して、東京オリンピックに血道を上げている日本政府の姿勢を痛烈に批判する内容になっています。私が残念に思うのは、こうした報道が、日本のマスコミ（メディア）ではなく、海外のメディアによってなされているという現状です。

6. 何ができるのか

　本章の内容はあまり希望のないものだったかもしれませんが、私たちは言語教育者なので、言語教育者としての私たちにできることはないかということ、そのことを最後に書きたいと思います[16]。

　先ほどの The Economist の記事ではないですが、日本の原発に対する再稼働の問題とか、さまざまな問題に関して、海外では日本は非常に奇妙な国であるというふうに見られているということが、留学生と話をしているとよくわかります。例えば、欧米、特にドイツなどヨーロッパの学生には、日本が原発を再稼働させるということは信じられないという意見を持っている人が多くいます。一方、東南アジアのベトナムやタイの留学生は日本がそれら

の国に原発を輸出すること、そのことに冷たい視線を送っています。

これと同じように、日本と同じく中国や韓国にも、マスコミによる、ある種の言論操作はあります。日本から見ていると、中国や韓国の人たちはマスコミに踊らされているように見えるかもしれませんが、留学生と話していると、そうではなくて、彼(女)らは、自分たちの国のメディアに嘘があるということをよく知っています。知っていますが、しかし、そういう人はやはり多数派ではありません。そこに問題があります。多数派は、自国のメディアで流される情報に動かされています。そして、それは日本でも同じで、その結果、日本では、反中、反韓が煽られ、中国や韓国で反日が煽られるという状況が起こっているわけです。

これをどうするかということ、そして、どうするかに関して言語教育者ができることはあるのかということを考えたときに、私が個人的に考えているのは、それぞれの国の、特に若者が、相手の国のことば、例えば日本の若者が韓国語や中国語で書かれたものを読む、中国や韓国の若者が日本語で書かれたものを読む、さらに、可能であれば、その国のことばで発信する。そういうことができるような教育をする、そういう教育をするための基礎研究をするといったことです。こうしたことは回り道のように見えるかもしれませんが、最も効果的な方法ではないかと考えています。

(1)日本語、中国語、韓国語の近接性

日中韓3言語相互習得のための言語教育ということですが、日中韓の3言語は漢字と漢字語を共有しています。つまり、漢字は広い意味で同じですし、漢字でできていることば(漢字語)も大体において共通しています。ですから、例えば、アメリカ人が韓国語や中国語を学ぶよりも日本人が中国語や韓国語を学ぶほうがずっと有利なはずです。

例えば、韓国語で一番よく使われる挨拶である「アンニョンハセヨ」を見ると、「アンニョン」は日本語の音読みでは「安寧」、「アンネイ」ですが、発音に近く書くと「アンネー」と長音になります。ハングルで書くと「안녕」ですが、発音は「アンニョン」になります。それから、中国のピンイン

で書くと「ānníng」となります。

　このように、日本の音読みで「ン」になるものは、韓国語でも「ㄴ」(「-n」の音)になり、中国語でも「-n」の音になります。それに対して、日本語で長音になるものは、韓国語、中国語では「-ng」の音、英語で goin' my way と言うときの「-n'」の音(発音記号で書くと、[ŋ])になります。これにはほとんど例外がありません。つまり、日本の漢字の音を知っていれば、中国語や韓国語のかなりの漢字は読めるわけです。その逆もそうです。

(2)日中韓 3 言語相互習得を目指す言語教育

　以上見たことから次のように言うことができます。例えば、アメリカ人などの非漢字圏の人は、日本語も中国語も韓国語もゼロから学ばなければならないわけですが、例えば、日本人が中国語や韓国語を学ぶときには最初から 2000 ぐらいの単語を知っているということになります。そういうアドバンテージがそれぞれの国や地域(台湾、香港を含む)の人たちにはあります。ですから、それを生かして、そして、さらには、日本にも中国・台湾、香港、韓国にも漢文があるので、そういうものを使っていけば、少なくとも読むということに関してはかなり早くできるようになるだろうと思います。

図 3　日中韓三言語相互習得のための言語教育

　図 3 の日本語と中国語、中国語と日本語、日本語と韓国語、韓国語と日本語、この部分に関すること、(中国語と韓国語はちょっと私たちの埒外になりますが、)少なくともこの部分に関しては、日本語教育関係者と中国語教育関係者、韓国語教育関係者が連携していけば、かなり大きな前進を見ることができると思います(cf. 庵 2013、2015b)。

　例えば、1 つの例ですけれども、中国語には「青春痘」をいう表現があり

ます。これは「にきび」です。クイズみたいですが、こういう語彙の近さということがあるわけです。ですから、それを生かせば、図3の三角形の日本語を含む部分を埋めていくことは十分可能で、そういう教育をそれぞれの国の若者に施すことによって、それらの国の若者が相手の国のことばで、読み、書くということをやっていくことができるようになれば、メディアに踊らされることは(少)なくなっていくだろうと思います。そしてそのことのために、言語教育者である私たちにできることは、数多くあると私は考えています。

7. おわりに—「ことば」から希望を作りだそう—

この章では、「時論公論」の見出しの分析を行いました。その結果、「中国関係」「原発関連」には「非中立的」な表現が多く、「日本政治」には「中立的」な表現が多いことがわかりました。そして、同じく非中立的と言っても、「中国関連」と「原発関連」では非難の対象が異なることもわかりました。その他、「報道の責任」ということを述べ、最後に、マスコミに踊らされない力をつけるための、日中韓3言語の相互習得のための言語教育の必要性について述べました。私たち、言語研究、言語教育に従事する者は、「ことば」を起点にして希望を作り出していくことに力を結集していくべきだと考えます。

注

1　この番組は、毎回選ばれたテーマについて NHK の解説委員が 10 分間話す解説番組で、平日の深夜（厳密には火曜日から土曜日の 0 時〜 0 時 10 分）に NHK の総合テレビで放送されており、その内容はホームページ上に公開されています。〈http://www.nhk.or.jp/kaisetsu-blog/100/〉(2016.8.29 リンク確認)

2　(1)(2)はそれぞれ(1')(2')のように言うことも可能です。
　　(1')　天安門事件から 25 年の中国
　　(2')　福島県川内村　復興へ続く道

(1')(2')には、言語表現上、担当の解説者の評価は含まれていないと考えられます。一方、「矛盾深まる」「苦難」という表現には解説者の「解釈」または「主観」が入っています。こうした意味で、これらは中立的な表現ではないと考えられます。

3 この小節の内容について詳しくは庵（2003、2012、2016）を参照してください。

4 有標なものにだけ名前があり、無標なものには名前がない（あるいは、ほとんど使われない）という場合もあります。例えば、「点字」「同性愛」の反対の概念（「無標」の概念）を指す語は存在しないかほとんど使われていません（「点字」の反対の概念は「墨字」と言います）。

5 このようにジェンダーに偏りのある表現は差別意識に基づくものが多いですが、次のように一見そうした意識のないように見える表現の中にもジェンダーの偏りが見られることがあります。

・｛○働く女性／？働く男性／○働く人｝の権利を守らなければならない。

｛｝の中の３つの表現のうち、「働く男性」はまず使われないと思いますが、こうしたところにも、「女性は（本来）働くものではない」という潜在意識が現れていると見られるのです。

6 ジェンダー（gender）というのはヨーロッパの言語などに広く見られる文法上の性のことです。例えば、フランス語では「牛乳（lait）」は「男性名詞」ですが、「水（eau）」は「女性名詞」です。このように、ジェンダーは自然の性（sex）とは異なり、人間によって「作られた性」であるため、男女の違いに関する表現が「ジェンダー」表現と呼ばれるようになったのです。こうした問題は、英語圏で早くから取り上げられました。英語では女性を表す語は男性を表す語から作られるのが普通です（prince—princess、steward—stewardess など）が、こうしたジェンダーに偏りがある表現は現在では避けられる傾向にあり、例えば、stewardess という語は廃止され、現在では cabin attendant（客室乗務員）という語が用いられるようになっています。

7 コーパスを使った類似の研究の例に庵（2015a）があります。

8 インターネット上で公開されている「時論公論」のデータは、放送時のものを書き起こしたものではなく、文末表現など細部は変更されていることがあります。今回の分析は書き起こしのデータではなく、インターネット上のデータにもとづいたものであることをお断りしておきます。

9 例えば、次のようなものです。

さてもうひとつ、大いに幅をきかせている受身表現がある。『朝日』夕刊の第1面トップは 53 年度の農業白書の内容紹介で、例えばこうなっている。「大規模農家を中心に、借地などによって規模拡大を図る動きが強まっている。また、世帯主が五十歳以上で跡継ぎのいない農家が約百万戸あるので、

今後、中核的農業への土地利用の集積が見込まれる。」「農業を従とする第二種兼業農家は、社会の安定層として地域社会の維持、発展に寄与することが期待される。しかし、出稼ぎ、日雇いなど不安定な兼業もうち三割ほどあるので、雇用の安定に努めるべきだ」。こうしたことが白書のポイント。右の農業白書の記述が何となく無責任に見えるのはなぜであろうか。下線の部分が、

　　　……と考えられる……成行が注目される……と思われる……とみられる……と思い出される

などと同じ、あの悪名高い「自然可能的な受身」になっているせいである。「なすがまま」「なされるがまま」「自然になるようになる」といった調子で書かれているから無責任な印象を受けるのである。危機に瀕した日本農業を、農民とともに、死にものぐるいで少しでもましな方向へ推し進めていかねばならぬはずの農林水産省が、他人事のように、あるいは宿命論者よろしく、自然可能的な受身表現でレポートを記す。たいした度胸であると感心せざるを得ぬ。白書ぐらい受身抜きで書いてみたらどうなのかね。（井上ひさし『私家版日本語文法』新潮文庫）

10　今回の分析では、「見出し」だけを対象にしています。それは、1つには、この文章が言語学的な議論を主な目的とするものではないためですが、もう1つは、現在の日本では、「見出し」が持つ誘導性がかなり重要な意味を持つためでもあります。

　　1例を挙げましょう。

　　Yahoo! Japan のサイトは若い人の多くがアクセスしていると思いますが、2015年11月25日午前0時ごろに同ページにアクセスしたときの、「アクセスランキング1位」のニュースは「産経新聞」の次の見出しの記事でした。

　　「狂気の沙汰」中高生らの清掃活動に誹謗中傷メール1千件…反原発派の“非常識“〈http://www.sankei.com/premium/news/151123/prm1511230004-n1.html〉（2016.8.29 リンク確認）

　　この「見出し」を見た人が「反原発派」についてどのような印象を持つかを考えてみましょう。「反原発派」に対して特に親近感を持っている人でなければ、「反原発派」は「怖い」と思うのではないでしょうか。それは、本文を読むか読まないかに関係ないことです。このように、現在において、メディアの「誘導性」を考える上で、「見出し」は非常に大きな意味を持っているのです。もちろん、今回と同じ対象について、本文を考察対象に含めればより多くのことが明らかにできると考えられますが、そうした分析は別の機会に譲りたいと思います。

11　1つの形式が常に、中立的、非中立的のいずれかになるとは限りません。例えば、「問われる」は全部で11回出現しましたが、中立的が5例、非中立的が6例でし

た。例は次の通りです。

　・衆院解散　<u>問われる</u>のは何か（2012.11.16）（中立的）

　・再稼働申請ラッシュへ　<u>問われる</u>規制委の審査（2013.6.20）（非中立的）

12　カイ二乗検定の結果は、$\chi^2(2) = 27.48$、$p < .001$ で、残差分析の結果、「中国関連」と「原発関連」の「非中立的」と「日本政治」の「中立的」が有意に多いという結果になりました。

13　本章のもとになった 2015 年 3 月のシンポジウムの際にフロアから指摘があったように、こうした見出しに見られる差が編集委員の個人の属性に由来するという可能性は否定できません。この点の検証は今後の課題としたいと思います。

14　ただ一方で、次のような事例もあります。これは、ある方が Facebook の中で指摘されていることです（以下、引用）。

　　　　9 月 11 日の NHK ニュースで、野党が、（新安保法制を）まさか強行採決しないでしょうね、と質問し、首相が、ごちゃごちゃいったあと、例の通り、決めるべき時には決めていただきたい、と締めくくったのを、放送していました。（中略）

　　　その夜の「報道ステーション」を見ると、野党質問には前段階があって、法制局の新安保法制に関しての返答（「集団的自衛権」の政府解釈変更を含む）が、いかに従来法制局答弁から見てでたらめであるか、憲法違反としか言い得ないものであるか、ということを、現法制局そのものから政府答弁のあいまい性を引き出した上での質問だったのでした。（12 日の新聞で確認すると、丁寧に述べると、法制局答弁は、あいまい性を認めた上で、だから現時点ではこうしていい、としたものです。しかし、本当は、明白な否定・肯定でない限り、憲法違反となる可能性が高いのです。このことは、政治家は無視しているのが現状だが、法学的にきわめて重要だ、とかつてさまざまな論で教えられたのですが、今も政治世界では同じのようです。新聞でも、整合性の疑いが残ることを述べています。）

　　　つまり、野党の、まさか強行採決しないでしょうねという質問は、政府答弁はでたらめであり、詭弁でしかない、答弁全体に整合性を示せず、憲法違反としかいえない法制案である、ということを、法制局答弁で明らかにした上で、廃案でしかないでしょう、と迫ったのです。（新聞報道では、その連続性があいまいに示されています。）NHK の放送は、それを、編集によって、審議を終了しようとする与党運営に対して、もっと審議しようという、野党の審議引き延ばし発言にしてしまったのでした。

　　　これは、新安保法制に賛成か反対かとは別の次元です。報道の編集のおそろしさでもありますが、それより、NHK が、もはや公正でない、国民のがわに立っていない、「みなさんの NHK」ではない証拠として記録し、広めた

いとおもいます。

15　The Economist. 2015.2.7 電子版 "Japan after the tsunami: Grinding on".
〈http://www.economist.com/news/asia/21642216-rebuilding-north-eastern-region-to-hoku-being-bungled-grinding?fsrc=scn%2Ffb%2Fte%2Fpe%2Fgrindingon〉
（2016.8.29 リンク確認）

16　なお、ここで言おうとしているのは、本章の内容に直接関連するもの、つまり、「時論公論」というテキストを読み解くためのリテラシーではなく、日中韓の若者が他者の言語で書かれたテキストを自らの力で読み解く能力（リテラシー）を身につけることによって、それぞれの国のマスコミの誘導に踊らされなくなるという、より広義のリテラシーの必要性・重要性です。

参考文献

庵功雄 (2003)「28 ことばに潜む差別」庵功雄・日高水穂・前田直子・山田敏弘・大和シゲミ『やさしい日本語のしくみ』、pp.84–85、くろしお出版

庵功雄 (2012)『新しい日本語学入門 (第 2 版)』スリーエーネットワーク

庵功雄 (2013)「とらわれを捨てることの重要性—日本語話者に対する韓国語教育を例に—」『日本語教育・日本語学の「次の一手」』、pp.53–60、くろしお出版

庵功雄 (2015a)「新聞における原発関連語の使用頻度」名嶋義直・神田靖子編『3.11 原発事故後の公共メディアの言説を考える』、pp.139–155、ひつじ書房

庵功雄 (2015b)「中国語話者の母語の知識は日本語学習にどの程度役立つか—「的」を例に—」『語言対比研究論叢』7、pp.165–173、北京：漢日語言対比学会

庵功雄 (2016)『やさしい日本語—多文化共生社会へ—』岩波書店

石井正彦 (2012)「『新しい歴史教科書』の言語使用：中学校歴史教科書 8 種の比較調査から」『阪大日本語研究』24、pp.1–34、大阪大学
〈http://hdl.handle.net/11094/10788〉（2016.11.28 リンク確認）

特定秘密保護法に関する記者会見記事の批判的談話分析
—批判的リテラシーの重要性—

名嶋義直

1.　はじめに

　本章では「安倍首相の特定秘密保護法に関する記者会見記事」を批判的談話分析という姿勢と手法で分析し、そこから見えてくる談話と談話行動の特徴を論じていきます。

　まず研究の背景について述べます。特定秘密保護法に対しては、法律として成立する前の法案の段階から、非常に多くの、さまざまな立場の人々がさまざまな媒体を通して反対の声を上げてきました。政治家や法律の専門家だけではなく、言葉を介して表現活動にかかわる人々、たとえば映画監督や作家や音楽家などのいわゆる表現者たち、教育関係者、医療関係者なども強く反対をしていました。しかし、2013 年 11 月 26 日に衆議院で採決され、参議院でも短時間の審議を経て採決され、2013 年 12 月 6 日に成立、約 1 年後の 2014 年 12 月 10 日に施行されました。

　特定秘密保護法は、その後の報道からもわかるように、いくつもの問題が指摘されています。たとえば、何が特定秘密に指定されその指定が妥当かどうかをチェックする機関が充分にでき上がっていない状態で、チェック機能が不充分なまま法律だけは運用が進んでいるのが現状です[1]。情報の秘密指定の件数についても、何十件とか何百件とかの秘密が指定されているという報道がなされていますが、ここには一種のレトリックがあります。何をもって 1 つの情報とするかというまとめ方の基準次第で数字がどんどん変わるからです。最も細かい数字で言うと 42 万件ぐらいの情報が特定秘密に指定

されていると言われています。しかし新聞報道の中には数百という数字を挙げているものもあります。事前に懸念されていた運用の透明性が、もうすでに今の段階で脅かされているわけです。具体的な例を挙げましょう。まず秘密指定された事案の数がその数え方の基準によっていかに幅があるかについて毎日新聞の記事を紹介します。「特定秘密文書：政府保有 18 万 9193 件 昨年末現在」という見出しの記事の中には、382 件という数字も 47 万という数字も出てきます。また、特定秘密の指定の可否ついても問題になっていることも報道されています。東京新聞の「特定秘密 3 件「説明不十分」参院審査会　提示要求、調査へ」という記事です。比較的最近の報道では、国連の調査の受け入れを政府が延期したというニュースがありました。外部のチェックの機会を延期したという点で注意を向けておく必要があると思います。いくつかの新聞社が報じていますが、ここでは「国連人権理事会：秘密保護法など調査　政府申し入れで延期」という見出しの毎日新聞の記事を紹介します。このように運用の透明性には疑問を感じざるをえません[2]。特定秘密を扱う関係者は「適性評価」と呼ばれる身辺調査を受けるのですが、この調査を受けて特定秘密の取り扱いが認められた公務員や民間人が 97,560 人になったという報道もありました。

　特定秘密の取り扱い担当者が決定したことで法律は完全に施行されました[3]。このように、今を生きる私たちは、すでにこの法律が実際に運用されている世界に生きています。しかし、先に触れたように問題点が解決されているようには思えません[4]。そのような現状を踏まえると、完全施行された今こそ、この法律が成立当初に政府によってどのように語られたかについて、もう一度確認しておくことには意義があると言えるでしょう。

2.　なぜ分析をするか、どう分析するか、なにを分析するか

　法案成立直後の 2013 年 12 月 9 日に安倍首相が記者会見を行い、その中で特定秘密保護法についても談話を発しています。社会の反対が非常に強

かった法案を成立させたその後の記者会見ですから、各種メディアの記者からも厳しい質問が出てくることが当然予想されます。その批判に首相はどのような言葉や言語行動で説明していくのか、言語研究者として関心を持ちました。そこで、首相のような「さまざまな力で社会や人々をコントロールしていこうとする人たち」（以後、本章ではこのような人物や集団を指して「権力」と呼びます）が、その力の維持や強化を、どのような語りや論理で行なっているのかについて、言語学的な観点から分析することにしました。

　談話とは言語学的に言うと「複数の文から成る、一定のまとまりを持つ言語的単位」です。談話を分析する際にはさまざまな切り口があります。ここでは「権力による力の維持や強化が、どのような語りや論理で行われたのか」を明らかにすることを目標にしていますので、批判的談話分析（Critical Discourse Analysis、以下、CDA）という姿勢と手法で分析を行うこととしました。CDA は特にヨーロッパで盛んな研究で、政治家やメディアの談話を取り上げて検討を行い、そこに自然な形でに組み込まれている「力の維持や強化のための実践」を可視化していくものです。CDA は、社会の問題に目を向け、弱者側に立ち、権力の意図と実践を明るみに出し、それと向き合う方法を考え、最終的には社会変革のために行動することを目標としていると言われています。CDA の著名な研究者であるテウン・A・ヴァン・デイクは CDA について以下のように述べています。

　　（注：CDA とは）一定のアプローチ等を指すのではなく、学問を行う上での一つの—批判的な—見解なのである。すなわち、いわば「姿勢を伴った」談話分析だと言える。その焦点は社会問題にあり、特に権力の濫用や支配の再生産および再生産における談話の役割にある。

　　　　　　　　　　　　　　　（テウン・A・ヴァン・デイク（2010: 134））

　CDA には政治的な談話を分析対象としてきた歴史的な実績と成果の積み重ねがあります。たとえば、政治と政治における言語・偏見と差別などについて言語的フィールドワークや民族誌的手法で研究をしてきたルート・ヴォ

ダックは、ルート・ヴォダック (2010) で、オーストリアのユダヤ人差別政策に対する政治談話の分析を行なっていますし、ノーマン・フェアクラフ (2010) は当時の英国労働党党首で首相であったトニー・ブレア氏の談話を批判的に分析しています。先に引用したデイクも人種差別や社会的エリート層における支配的談話の分析を行なっています。ここで重要なことは、CDA の研究者たちが、力を持っている人や組織や制度などによる、明示的であからさまな支配行動やその意図を分析しているのではなく、いろいろな談話や行動の中に自然を装って組み込まれている非明示的で暗示的な支配行動やその意図を分析対象にしている点です。つまり、私たちが日常生活において当然のこととして前提視しているものに対し批判的な目を向けているわけです。このことは、社会における階級的対立が見えにくい日本社会の諸問題を分析し考察する姿勢・枠組みとして有効に作用すると考えられます。また、CDA では、単なる言語の分析に留まらず、言語を発する主体者の行動をも批判的な分析の対象としていることも重要なことです。先に挙げた例で言えば、人種差別表現だけを問題にするのではなく、その表現を発する行為を人種差別的な談話の実践であると捉えて批判的に分析するということです。このように CDA において政治的な人物と政治的談話や政治的談話行動を分析することは学問的伝統でもあり、かつこれまでに一定の成果を挙げているものです。よって本章もその姿勢で分析を行います。

　分析の対象とする談話は新聞の記事です。記者会見の一次資料ではなく新聞記事を分析するのは、多くの人にとって首相官邸ホームページを見て記者会見の談話を読むよりも新聞やニュースなどで接することの方がより身近で一般的であること、そして新聞は今も信頼できるメディアだと考えられていることによるものです。2014 年 3 月に発表された日本新聞協会「2013 年全国メディア接触・評価調査」によると、全国の 15 〜 79 歳の男女 3,801 人からの回答を集計したところ、新聞を読んでいる人は 83.6％で、新聞・テレビ・ラジオ・雑誌・インターネットの各メディアの利用状況や評価を尋ねた設問では、新聞について「社会に対する影響力がある」(45.4%)、「知的である」(42.9%)、「自分の視野を広げてくれる」(35.8%) などの回答が各メディ

ア中で最も高かったという結果が出ています[5]。ここからも社会の諸問題に目を向け、最終的に社会状況の変革を目標におく CDA にとって、新聞というメディアが発信する新聞記事という談話を分析することは、理に適っており、意義があると考えられます。

　次に分析資料の選定方法について述べます。まず分析の候補として、大手全国紙の新聞記事の中でこの記者会見の談話が出ているものを選びました。産経新聞と朝日新聞の記事がかなり詳しい談話を引用した記事を出していましたが、朝日新聞のほうがより元の記者会見談話に忠実だったため最終的には朝日新聞記事を分析の対象として選びました。元の記者会見談話に忠実かどうかを何で決めたかというと一次資料との対比です。首相官邸のホームページでは重要な記者会見の談話が後日書き起こしになったものを誰でも見ることができます。最初は動画がアップされて、情報の整形に手間がかかる書き起しは、後から文章が出るということが多いのですが、今回もその書き起こしを確認することができました。それと新聞記事とを比較したときに、他紙と比べれば情報量と内容という点からみて、朝日新聞のものが一番記者会見での発言に忠実であると判断できました[6]。朝日新聞記事の中には記者会見時に行われた記者と首相との質疑応答も入っています。質問をしたのは、首相官邸のホームページで確認したところ、毎日新聞と産経新聞の記者でした。それらの質疑応答を朝日新聞記者が首相談話に続けて再構成したものが分析対象となる記事です。記事全体は本章最後に掲載しています。

3. 全体構造から見えてくるもの

3.1 見出しと主題とのずれ

　ではここからは、適宜資料の談話を提示しながら、新聞記事の全体構造を分析します。まず、資料の一番最初にある記事の見出しを見ましょう。朝日新聞記事の見出しの前半は、次のように「通常の生活は脅かされない」となっています。

「通常の生活脅かされない」安倍首相会見の詳細

　記事の見出しですから当然それが記事の主題だと考えられますが、この新聞記事をいくつかの小さな段落に分けて、各段落が何を語っているかという点に着目して段落の主題を抜き出し、それらを談話全体の主題へとまとめていくと、記事の見出しと全体の主題とが一致しないことがわかりました。

　記事の見出しにあるような、通常の生活が脅かされないということを述べているのはどこからどこに当たるかを見てみます。章末の資料に付した段落番号で言いますと、(5)から(8)までです。

（5）　審議過程では、秘密が際限なく広がる、知る権利が奪われる、通常の
　　　　生活が脅かされる、といった懸念の声もあった。
（6）　しかし、そのようなことは断じてあり得ない。今でも政府には秘密と
　　　　されている情報があるが、今回の法律により今ある秘密の範囲が広が
　　　　ることはない。そして、一般の方が巻き込まれることも決してない。
（7）　報道などで友達から聞いた話をブログで書いたら民間人でも厳罰とか、
　　　　か、映画などの自由な創作活動が制限される、といった話を耳にして
　　　　不安を感じている方々もいるかもしれない。
（8）　しかし、そういうことは決してない。

　段落(5)では記事見出しの内容に合致する「通常の生活が脅かされる」という懸念の声に言及し、段落(6)でそれを「断じてあり得ない」と打ち消します。段落(7)ではさらに別の具体的な例を挙げ、それを段落(8)で否定しています。確かにこの部分は見出しと同じ内容です。ところが、この談話全体に小段落は20あります。まだ他のことを述べている段落がたくさんあるわけです。決してこの見出しが談話全体の主題を代表しているわけではありません。

　見出しが記事内容の一部であることそれ自体は別に非難されることではなく普通のことです。どういう内容の記事にどういう見出しをつけるかは新聞

社が自社の都合で自由に決定するものだからです。しかしそこには誰かの意図が関与しています。ここから言えることは、パソコンやスマートフォンなどでインターネットのポータルサイトのニュース配信をチェックし、気になる記事の見出しだけをさっと眺めて終わりにするような読み方をしていると、理解が一面的になり、見出しから導き出される特定の解釈に誘導されてしまうおそれがあるということです。もちろん、見出しと全体の主題、各段落の内容とが一致している記事もたくさんありますが、一方で、この記事のように現実に一致していないものもあるということは知っておいた方がいいでしょう。なお、ここでいう誘導とは評価を含んだ言葉ではありません。誘導されることがいいとか悪いとか問題にしているのではなく、ある特定の解釈に導かれるという事実があるということを述べているのです。

　記事の見出しをどう書くかという選択は、どういう情報を取り出して何を表に出し、一方で何を表に出さないようにするかという意図が動機づけます。それを決めるのは新聞社です。新聞社も組織ですから、記者個人だけではなく、報道部や記者の書いた原稿を整理して紙面に組む仕事をする整理部といった各セクションの責任者の判断というものも関係してきます。記事の選択や見出しと記事の中の言語表現には、必ず誰かの意図が確実にかかわるのだということはしっかりと押さえておきたいと思います。

　その上で、その誰かの意図にそのまま誘導されないようにするにはどうしたらいいかというと、やはり中身をしっかり読んで自分なりに考えるしかないということになります。じっくり読んでいる時間がないなら、記事の見出しから本文そのものに入って、斜め読みでもいいので、記事全体をさっと読むことが重要です。それだけで見出しに限定された解釈は生じなくなります。ネットのポータルサイトなどで記事の見出しだけ見て、ああこういう動きが今の社会にあるんだなと思っていると、いつの間にか実態とは違う理解が頭の中にでき上がっているということにもなりかねません。それは、社会の動きをわかったつもりでいて実は誤解していて、かつ、その誤解に気づいていないということであり、危うい状態だと思います。

　情報は、見えていればそこにあることが認識されますが、ある情報やでき

ごとが見えない場合、その情報やできごとはそれ自体が存在しないものになります。これは重要なことです。ですから、CDA はその姿勢として「言われていないこと」に目を向けることも重要だという考え方に立っています。

それに関して一言付け加えますと、私たちは社会が言葉を作っているように思っていますが、逆の方向の作用も確実にあります。言葉が私たちの社会を作っているということです。そして、その言葉を使っているのも私たちです。例を出しましょう。アベノミクスというものによる景気の良さを実感している人が、アンケート調査によると 16％程度しかないという新聞記事があります[7]。多数がその効果を実感していないにもかかわらず、アベノミクスという言葉はもう今や誰でも知っている言葉になりました。実態は 16％の人しか実感していない、一部だけに実感されている、裏返せば多数の人には実感されていないものが、社会の中では広く認知されているわけです。なぜでしょうか。マスコミや私たちがアベノミクス、アベノミクスと言うから、アベノミクスというものが存在することになってしまったわけです。これは言葉が社会を作っていくという例です。このようなことを考えると、見出し 1 つをとっても、それをどういう言葉で叙述するかによって、読む人の頭の中に誰かが望む社会が作り出されていくおそれがあるということが理解できると思います。

3.2　話題の連鎖構造と論理

記者会見の中で安倍首相は、この法律ができたことで何がどう変わるかについて、具体的な例を挙げて、種々の問題があるがこの法律によってこう変わる、問題は解決できるということを繰り返し述べています。以下にいくつかを引用します。

（12）　しかしこの法律ができたことによって、今後は変わる。総理大臣は今後、特定秘密について情報保全諮問会議に毎年毎年報告をしなければならない。当然、項目において特定秘密について説明を受ける。受けた説明をこの諮問会議に説明する。そして諮問会議はその意見を国会

に報告する。これが大きな違いだ。

(13) だから、今までのように、総理大臣も知らないという秘密はありえない。そして誰がその秘密を決めたかも明らかになる。そういう意味において、まさにしっかりとルールができ、責任者も明確になるということは申し上げておきたい。

(15) 42万件も総理が管理できるのかという批判もあったが、まさにそういうなかにおいて、9割は衛星写真だから、衛星写真というカテゴリーになる。この解像度自体がどれくらい精密に撮れているかは秘密だ。あとは暗号、武器の指定。そして残りについては、さらにカテゴリーが分かれていることになっている。それを総理大臣は把握する。格段に、そういう意味ではルールのもとで指定が行われ、解除が行われ、さらには誰が責任かも、責任をもっているかも明らかになっていくということははっきりと申し上げておきたい。

(16) 廃棄においてもルールができる。いままで4万件の廃棄されたもののうち、3万件が民主党政権時代に、たった3年間のうちに防衛秘密が廃棄された。どうして廃棄されたのか、誰が責任があったのか。それも明らかじゃない。つまり格段に透明性も責任もルールも明確になるということは、はっきり申し上げておきたい。こういう説明をしっかりしていけば、必ず私は国民の皆様のご理解をいただけると思う。

(19) しかし、今度の法律によって、そもそもこれは特定秘密にはならないが、もし特定秘密にしたのであれば、その責任も全て所在は明らかになる。5年ごとに指定が解除されるかどうかということについてもチェックされる。大切なことは、しっかりとルールを定めて保全をしていく。保全はきっちりしていくということではないかと思う。

(20) 当然そうした特定秘密もそうだが、秘密文書は、歴史の判断を受けなければならない。つまり国立公文書館にスムーズに移管される。そのルールも今度はちゃんとできあがるわけで、現在の状況よりもはるかに私は改善されると思っている。

このように、記事の談話は、さまざまなトピックを取り上げて背景にある課題を提示し、この法律によってそれらの課題が解決されて変化が起こるという展開構造や話題のつながり(連鎖構造)を作りだしています。その構造を繰り返し提示されると、読む側も非常に強い説得力を感じます。

このあたりの肯定的な理解がどこから生まれてくるかというと、本書収録の神田論文が詳しい説明をしていますが、ヴォダック(2010)の言う「トポス(帰結を導き出す際に活用する論理命題)」[8]につながると思います。たとえば、私たちは一般的・社会的な価値観として「何か問題があるならば、その問題が解決されることはよいことだ」と考えるところがあります。これはヴォダック(2010)では「危険(または脅威)のトポス」(p.108)と呼ばれています。こういう論理命題が私たちの頭の中にあり、談話を読むことでそれらが活性化され、さまざまな解釈や推論を論理的に導くのですが、それが談話の主張するものと合致した場合、私たちはその談話に強い説得力を感じることになります。言い換えれば、談話の主体が、読者である私たちの頭の中にあるトポスをうまく活性化できれば、思うような方向に解釈を導いていくことが可能になります。

ですから、一歩立ち止まって考えてみることが批判的な読みには必要です。先の「危険(または脅威)のトポス」で言えば、談話の中で解決されると言っていることがそもそも本当に解決になっているのか、それが解決されたとしてもそれと私たちの暮らしがよくなるということとは一旦は別の問題として考えてみる必要があるのではないかのように批判的に考えることが重要です。そうやってじっくり考えていくと、簡単には納得できないものが見えてくるからです。たとえば、首相が、この法律が誰にとって必要なものであると語っているのかを見てみると、この法律は国家のための法律であって国民にとっての法律ではないことが談話の分析から浮かび上がってきます。これについては本章4.1節で個別の分析を行うときに改めて考えてみたいと思います。

話を戻します。先に、課題の提示と解決という話題のつながり(連鎖構造)ができあがっているということを述べましたが、それ以外にも、背景を述べ

てから意見を述べる、意見を述べた後でその意見を支持したり裏付けたりする例を挙げる、先に例を出して後から意見を述べる、抽象的な主張に続けて具体的な内容を詳しく述べる、というような構造が談話の中に複数出てきます。次の段落(1)から(3)のような連鎖です。(1)が(2)の背景になりそこからの帰結として(3)が提示されています。

（ 1 ） 世界各国では国家秘密の指定、解除、保全などには明確なルールがある。そのため、我が国がこうした秘密情報の管理ルールを確立していなければ、そうした外国からの情報を得ることはできない。さらに、提供された情報は第三者に渡さないのが情報交換の前提だ。いわゆるサードパーティールールだ。

（ 2 ） その上でチェック機能をどう作るかが課題となった。日本を守っている航空機や艦船の情報が漏洩(ろうえい)してしまうという事態になれば、国民の安全が危機に瀕(ひん)することになる。また、人命を守るためには、なんとしてもテロリストへの漏洩を防止しなければならない。

（ 3 ） 国民の生命と財産を守るためには国家安全保障会議の設置とあわせて、一刻も早く特定秘密保護法を制定することが必要だった。

　これらのつながりは非常に論理的な構造を生み出しています。論理性それ自体は一般的には意見を述べる際には重要なものとされ推奨されるものです。そういう意味では、この談話の中にあるいくつかの連鎖部分はとても論理的でよくできた文章構成となっているように思えます。

　しかし、ここでその論理をもう一度じっくりと考えることが批判的に読むということです。背景として提示しているものが本当に事実なのか、挙げている例は妥当なのか、言及している内容に偏りはないのか、というようなことを考えるのです。そういう目で見てみると、段落(1)は外国から受け取った情報の管理について述べているのに、それを法案の必要性の根拠として述べている段落(2)では外国軍隊の情報を言っているのか国内自衛隊の情報を

言っているのかわからなくなっていることに気づきます。また段落 (3) では「一刻も早く特定秘密保護法を制定することが必要だった」と言っていますが、この種の法律は長年存在しなかったにも関わらず「国民の生命と財産」は一応守られてきたわけですから、その緊急性や必要性に疑問も浮かびます。このように、少し立ち止まって考えてみるというのが、何度も述べているように、批判的な読みにつながる重要な姿勢です。

3.3 　語の選択や表現の選択は全て意図的なもの

　私たちが常に考えなければならないのは、一見すると論理的な構造に見える談話の中に、論理の破綻や焦点の切り替えや特定の方向への誘導などはないのかということです。自分にとって都合のいいことは明示的に大きな声で述べて、自分に都合の悪いことは小さな声であまり聞こえないように言ったりするというのは人間誰でもやることです。無意識にそうなってしまうこともあれば、意図的にそういうことを行うこともあります。それはメディアの言説においても基本姿勢としては同じです。新聞社や新聞記者もそのようなことを行う可能性があります。ですから、新聞記事の中にそういうものが現れていても何もおかしくはありませんし、新聞記事の中に出てくる人物がなんらかの談話行動を取る際にそのような言動をとっていても、何の不思議もありません。

　新聞は社会の大切な情報ツールですが、盲目的に新聞の言っていることは正しいとか、メディアの言っていることは正しいとかいったようには考えないほうがいいでしょう。どのようなメディアであれ、人間がかかわっている以上、必ずそこには情報の選択とか操作とかいった類いの意図と行動が介在しているはずです。ですから、客観的な事実というものは、少なくともメディアで言葉を通して表象されたもの、音や文字や映像などで形を与えられたものの中には、厳密に言うと、存在しないと言えます。しかし、それに絶望するのでもなく、皮肉な態度で斜に構えるのでもなく、客観的な報道というものはないのだということを前提にした上で、少しでも真実に近いものを探すために、そこをどう読み解いていくかということが私たちに求められる

情報との付き合い方です。

　これはさきほど述べたことともつながりますが、自分を肯定的に見せるためにはいろいろな方法があります。自分の主張を強く言うという手法もありますし、自分への批判を回避したり弱く見せたりするという方法もあります。それらの目的を達成するためには、肯定的な表現とか語彙、否定的な表現とか否定的な語彙というものを取捨選択して効果的に使うということが行われます。段落(4)を使って、この法案の修正に応じた野党のことをどう表しているか見てみましょう。

（４）　国会審議を通じて日本維新の会、みんなの党など与野党で幅広い議論をいただいた結果、12の論点について法案修正がなされたことは大きな成果であり、良い法律にすることができたと考えている。

　「議論をいただいた結果」に見られる「いただく」は「もらう」の謙譲語です。自分の行為を低めてへりくだることで与党側に賛成した野党を高めています。つまり、野党とはいえ法案に賛成した自分側の仲間を立てているわけです。また、法案の修正点を数え上げて「大きな成果」と表現したり、文字通り「良い法律」と呼んだりして肯定的に表現して見せています。

　「相手と私との関係性」を談話の中に持ち込むこともよく行われます。たとえば、自分のライバルを低めるという方法で、言い換えれば、相手を否定的に叙述することで、相手と対比された自分を肯定するというようなことも行われます。この新聞記事の談話の中では段落(18)で、まだ民主党が政権与党だったころのできごとを取り上げて、民主党を批判しています。

(18)　菅政権が隠したあの漁船のテープはもちろん特定秘密にはあたらない。誰がその判断をしたのか、明らかではない。菅総理なのか仙谷官房長官なのか福山官房副長官なのか。だれが本来公開すべき、国民の皆様にも公開をし、世界に示すべき、日本の立場の正しさを示すテープを公開しなければならないのに公開しなかったか。間違った判断を

したのは誰か。このこともみなさんわからないじゃありませんか。

このように、談話の中の語や表現は主体的に選択されていて、その選択には誰かの何らかの意図が関わっている可能性があるということを知っておくとよいと思います。

では、全体的な観点からの分析はこの程度にして、次にもう少し細かい点を分析していきます。

4. より個別の分析から見えてくるもの

4.1 焦点の切り替え

まず3.2節で触れた、国家の問題から国民の問題へという焦点の切り替えを確認しましょう。

（1） 世界各国では国家秘密の指定、解除、保全などには明確なルールがある。そのため、我が国がこうした秘密情報の管理ルールを確立していなければ、そうした外国からの情報を得ることはできない。さらに、提供された情報は第三者に渡さないのが情報交換の前提だ。いわゆるサードパーティールールだ。

（2） その上でチェック機能をどう作るかが課題となった。日本を守っている航空機や艦船の情報が漏洩（ろうえい）してしまうという事態になれば、国民の安全が危機に瀕（ひん）することになる。また、人命を守るためには、なんとしてもテロリストへの漏洩を防止しなければならない。

（3） 国民の生命と財産を守るためには国家安全保障会議の設置とあわせて、一刻も早く特定秘密保護法を制定することが必要だった。

段落（1）を見ると、「世界各国では」という表現で談話が始まっています。続けて国家秘密という言葉、我が国、外国から、などの言葉が出くることか

らわかるように、段落(1)では国家レベルの話をしています。それが段落(2)になると、国民の安全が危機に瀕する、人命を守るというような表現が出てきます。ここでは日本という国が出てきますが、国民という言葉も出てきて、国家よりも、私たち一人一人が集団の形になった国民、国家を構成している国民が話題にされています。そして段落(3)では、また話が国家の話に戻ります。国民の生命と財産という言葉が出てきますが、そのためにはこの法律が必要だったと言っているのであって、国民の生命と財産というものが主題になっているわけではありません。これは文法学的な言い方でいうと、国民の生命と財産というものが文の中の一要素になっているということです。主題ではなく、いわば1つ格下げされて文に取り込まれているような形になっています。そのため、結局、段落(3)で言っていることは、国家安全保障会議の設置とあわせて特定秘密保護法を制定することが必要だったということになります。

　この国家安全保障会議というのは、簡単に言うと、非常に重要な安全保障のことについて、ごく一部の政治家たちだけで協議したり決めたりする秘密会的な会議のことです。これは特定秘密保護法よりも1カ月前の2013年11月27日に創設関連法が国会で成立しているものです[9]。そこからもわかるように、段落(3)では、国家の話になっていることが確かめられます。

　ここまでの観察をまとめますと、段落(1)では国家レベルの話だったのですが、段落(2)では国民レベルの話になり、段落(3)ではまた国家レベルの話に焦点が切り替わっているということです。無批判に読んでいると、国民のためだと思って読んでいたらいつのまにか国家のためという論理で話が進んでいて、それに気付かなかったということにもなりかねません。これは注意をしなければならないことです。歴史的に見ても世界的に見ても権力が国民を支配する際に使う論理の1つは「国民のため」です。国家が国民のためというときには、やはり多少なりとも注意が必要なのではないかと思います。国家が国民に対して国家のため・国民のためと言っていることを無批判に信じていいのだろうかと批判的な目を向けることは、自律した情報への向き合い方として重要だと思います。

4.2 明示的表現と暗示的表現、肯定的な表現と否定的な表現

どのような談話でもある種の意図に動機付けられていると繰り返し述べてきました。その意図が談話内に比較的わかりやすい形で顕在化することがあります。ここでは明示的に表現するか暗示的に表現するか、肯定的に表現するか否定的に表現するかについて、例を挙げて考えてみます。

本記事では、国家や権力に関することを述べている箇所には明示的な表現よりも暗示的な表現が多く使われていて、国民に関することを述べている箇所には、それとは対照的に、暗示的な表現よりも明示的な表現が使われているという事実が複数観察されます。隠すためのわかりにくさ、理解させるためのわかりやすさということが、その表現の選択に関わっているかもしれません。何かの責任を問われている状況で自分に責任の一端がある場合、どの程度「私が〜しました」ということを言語的に顕在化しようとするか非顕在化しようとするかを内省すれば納得できると思いますが、言語行為者の傾向として、自分にとって言質を取られたくないようなものは、誰がというような動作主体をあまり明示しなかったり、その一方で、自分にとって肯定的な影響を与えるようなものは、誰がというようことをはっきり示したりということがあります。特にこの「誰が」が自分自身であったり、自分側の人間であったりする場合はその傾向が顕著になると思います。

より具体的に、段落(16)・(17)・(18)・(20)に見られる談話行動を考えてみましょう。自分が約束事として責任を負わなければならなくなる内容の段落(16)と(17)と(20)では「誰が」という情報が言語的には明示されていません。一方で段落(18)では、政敵の失敗は自分にとって得点を稼げるいい機会ですので、「誰が」という情報を明示的に語っています。そこには「誰が」という情報を見せようとするという行動や意図というものが存在しているのではないかと考えます。

(16) 廃棄においてもルールができる。いままで4万件の廃棄されたもののうち、3万件が民主党政権時代に、たった3年間のうちに防衛秘密が廃棄された。どうして廃棄されたのか、誰が責任があったのか。そ

れも明らかじゃない。つまり格段に透明性も責任もルールも明確になるということは、はっきり申し上げておきたい。こういう説明をしっかりしていけば、必ず私は国民の皆様のご理解をいただけると思う。

(17) そしていつ施行していくか、これはまず1年ありきということでもないが、しっかりとチェック機能も含めて、この制度設計を行っていく。今申しあげたみたいな説明をしっかりと行っていく。その上において、しかるべき時に施行していきたい。

(18) 菅政権が隠したあの漁船のテープはもちろん特定秘密にはあたらない。誰がその判断をしたのか、明らかではない。菅総理なのか仙谷官房長官なのか福山官房副長官なのか。だれが本来公開すべき、国民の皆様にも公開をし、世界に示すべき、日本の立場の正しさを示すテープを公開しなければならないのに公開しなかったか。間違った判断をしたのは誰か。このこともみなさんわからないじゃありませんか。

(20) 当然そうした特定秘密もそうだが、秘密文書は、歴史の判断を受けなければならない。つまり国立公文書館にスムーズに移管される。そのルールも今度はちゃんとできあがるわけで、現在の状況よりもはるかに私は改善されると思っている。

　同じことが「何を」という部分を叙述する行動にも観察できます。都合の悪いものは対象を非明示、都合のいいものは対象を明示していくという行動や、それを動機付ける意図が観察できるということです。たとえば、先ほど引用した例で言うと、段落(2)や(3)では、国民の生命と財産ということに言及していますが、それ以降の段落では、具体的にどのような状態になることが国民の生命と財産が危機に瀕することなのかということは全然述べられていません。一方で、先に主題に関して指摘したように、通常の生活は脅かされないという内容を述べている部分は談話全体の中では段落(6)以降の数段落であり、談話全体から見ればごく一部分ですが、そのごく一部分の段落(7)・(8)に書いてあることはかなり具体的な内容になっています。

（7）　報道などで友達から聞いた話をブログで書いたら民間人でも厳罰とか、映画などの自由な創作活動が制限される、といった話を耳にして不安を感じている方々もいるかもしれない。

（8）　しかし、そういうことは決してない。

　読み手との関連性という点でも描き方に対称性が見られます。国民の生命と財産が危機に瀕すると述べる段落（2）では、日本を守っている航空機や艦船の情報とかテロリストとか書いてあり、非常にスケールが大きく概略的な話をしていますが、あなたは安心していいですよということを言う段落（7）では、身近な事例を具体的に語っています。ここに対称的な特徴が見られます。日本を守っている航空機や艦船の話は国民との接点が伝わりにくく、安全保障問題として別の面でも批判を受ける可能性があります。それにあまり言及すると都合が悪くなるおそれがあります。一方、反対意見の根強い国民に話しかける時、国民にとってどういう関連や意味があるかを詳しく説明したほうが反対の声を和らげる効果がより期待できます。つまり、談話主体にとっては都合がいいわけです。

　もう一点、ものごとを細かく述べている例を観察します。これもさきほど述べたように、自分に相対する相手を否定するような行動をとっている場所です。先に段落（18）で政敵である民主党の批判を行なっているということを確認しましたが、次に引用する談話では段落間に存在する叙述の対称性を利用して民主党を批判しています。まず段落（11）では、首相自らが官房長官や第一次安倍内閣で総理大臣をしていたときに全然説明を受けなかったのだという話から話題の中に入っていきます。自分にとって関わりのある「日米安保についての密約の問題」の詳細は述べられていません。

（11）　しかし、さきほど話をしたように、今まで秘密の指定、解除、保全、ルールがなかった。そこに問題がある。例えば、いわゆる日米安保についての密約の問題。私は官房長官や総理大臣を経験したが、その私も、あのいわゆる密約といわれた事柄について説明を受けなかった。

これと対称的な特徴が段落(16)や(18)には観察されます。

(16)　廃棄においてもルールができる。いままで4万件の廃棄されたもの
　　　のうち、3万件が民主党政権時代に、たった3年間のうちに防衛秘密
　　　が廃棄された。どうして廃棄されたのか、誰が責任があったのか。そ
　　　れも明らかじゃない。つまり格段に透明性も責任もルールも明確にな
　　　るということは、はっきり申し上げておきたい。こういう説明をしっ
　　　かりしていけば、必ず私は国民の皆様のご理解をいただけると思う。

(18)　菅政権が隠したあの漁船のテープはもちろん特定秘密にはあたらな
　　　い。誰がその判断をしたのか、明らかではない。菅総理なのか仙谷官
　　　房長官なのか福山官房副長官なのか。だれが本来公開すべき、国民の
　　　皆様にも公開をし、世界に示すべき、日本の立場の正しさを示すテー
　　　プを公開しなければならないのに公開しなかったか。間違った判断を
　　　したのは誰か。このこともみなさんわからないじゃありませんか。

　ここでははっきりと対象を明示しています。民主党政権時代に何万件の情
報が破棄されたとか、中国の漁船と海上保安庁とのぶつかり合いがあったと
きのテープの話とかという部分です。「民主党政権時代」という言い方で、
批判の対象の中に民主党という政敵の名を出しています。段落(18)では当
時の総理、官房長官、副官房長官の個人名を明確に出しています。

　自分を語る部分と相手を語る部分という対称構造、大まかに述べるか詳細
に述べるかという対称性、肯定的に述べるか否定的に述べるかという対称
性、それらを組み合わせて談話行動が実践されています。相手を明示的に批
判する行動の中に、自分にとって都合のいいものが誰なのか、何なのかとい
うところが非常にはっきりと見えています。

　明示的か暗示的か、概略的か具体的か、肯定的か否定的か、これらの要素
を組み合わせることで複雑な対称構造を作り出し、特定の印象や解釈を読み
手に想起させることが可能になることを覚えておくことは、批判的に情報を
読み解く際に、決して無駄にはならないと思います。

5. 誰かの意図と誘導

　ここまで記者会見談話の該当箇所を取り上げて分析を行いました。まとめると以下のようになります。表面的に論理をさっと読むと、本当に何か力強く感じたり、論理が通っている、確かによくなるんだな、世間ではこの法案について問題があると言っていたけれども大丈夫そうじゃないか、と思うかもしれませんが、言語的な特徴に着目して見ていくと、実は論理はそれほど明示されているわけではない、ということが見えてきました。その直感的に感じとる論理性や信頼性は、読み手がすでに持っている論理命題などに働きかけを行い、特定の方向の推論を誘導することでもたらされていると考えられます。結局、それは中身を伴わない外見だけの表面的な論理だと言えます。

　表面上は課題に対しての解決が主張されている部分でも、そこで表されている意味をよく見てみると、充分な解決になっていないという部分もありました。たとえば、段落 (2) や (3) で言及されている「国民の生命と財産」をどう守るかということは、以後の談話の中では何も具体的に述べられていません。ですが、さっと聞いたり読んだりしただけでは気づきにくいものです。よく読んでみると、そこにあるものは、言及こそすれど詳細は説明をしないという行為であり、読者が知りたいと思うことを述べていないという点から言えば、対話や議論という相互行為を避ける姿勢であり、自分の意図することだけ述べる一方的な主張であるということが見えてきました[10]。

　以上から、私たちが言葉をきっかけにして知らず知らずのうちに、誰かが意図している方向に誘導されている可能性があることを確認することができました。私たちの頭の中には、今までの生活の中で得た直接的な経験や間接的な経験の積み重ねが、こういうことが起こればこうなるとか、A ならば B とかいった因果関係法則のような抽象的な形となって存在しています。これを情報処理の世界や認知科学の世界などでは「スキーマ」と呼んでいます。そして、外から情報が入ってくるとそのスキーマが刺激を受けて活性化され、さまざまな解釈の構築が開始されると言われています。本章で取り上げ

ている、談話を読む・新聞記事を読む・テレビを見る・ニュースを聞くという行動を実践した場合も、それらの行動が認知作用を伴うものであることからわかるように、同じことが頭の中で起こっていると考えられます。ですから逆に考えれば、私たちの頭の中にあるものをうまく活性化させれば、「こういう知識をこういう刺激でうまく活性化させれば、こういう結論に、こういう解釈にたどりついてくれるのではないか」というように、解釈の過程を事前に見積もったり計算したりすることが充分に可能です。その解釈の過程を導くものの1つが、すでに説明をしたように、ヴォダック(2010)の言う「トポス(論理命題)」です。トポスは、人々の推論や解釈をある方向に導いていく道案内のようなものだと言えるでしょう。本章の分析は決して「トポス(論理命題)」という視点を存分に使って分析したわけではないのですが、同じような結論にたどり着くということは、それぞれの分析が本質に近いところを明らかにしていることを示しているのだろうと思います。

　情報の発信者が情報受信者の推論過程を見積もっているとしても、その見積もりが常に的中するとは限りません。1つの記事を読んだ全ての人が同じ方向に解釈するとは限りません。しかし、一定数がある方向に導かれていくのだとしたら、それは、もし何か悪意を持っている人がその情報操作をうまく行えば、自分たちにとって望ましい方向で世論というものを作っていくということが充分可能になるということです。そのきっかけや道具になるものは何でしょうか。そこで利用されるものは、やはり言葉です。もちろん映像のような視覚情報が果たす役割も非常に大きいものがあると思いますが、それも含めて、メディアの言説というものが私たちの解釈をコントロールしていくのだということです。コントロール自体を悪いと言っているのではありませんが、プロパガンダという言葉もあるように、その種のコントロールが悪用されることも充分に想定されるわけですから、コントロールされない方法やコントロールを見抜く方法を身につけておく必要がある思います。

6. 私たちに求められるもの

6.1 批判的リテラシーを持つ

　最後に、新聞記事の分析を踏まえ、メディアにどう向き合っていけばいいかについて考えます。

　まず、メディアへのアクセスということを取り上げます。権力を持っている人たちはメディアに容易にアクセスできますが、普通の人はなかなかそれができません。メディアに働きかけて自分たちの意見を広く知らしめたいと考えたときに、いわゆる一般市民といわれる私たちは容易にはメディアにアクセスすることができません。あるメディアに対する評価や意見を視聴者の声として伝えることは誰でもできますが、自分の意見をメディアを使って不特定多数の人に広く知らしめることは読者投稿欄に投稿するくらいしか方法がなく、投稿してもなかなか採用されないので、実質的にはかなり難しいことです。たくさんの人が集まりお金を出し合って意見広告を掲載する方法もありますが、費用と手間を考えると誰でも手軽にできる方法ではありません。ですが、権力は容易にメディアにアクセスできます。記者会見を開くと言えばマスメディアが集まりますし、勝手に向こうから取材に来ることもあります。メディアに対するアクセスは明らかに権力側に偏っています。

　それに加え、ここまでの考察で見てきたように、権力は語や構文や表現や話題を取捨選択することで、談話や記事の中にさまざまな意図を組み込み、その意図を実践に移すことができます。ですから、権力やマスメディアというものが持っている意図は私たちが見たり聞いたりしているメディア言語の中に自然な形で組み込まれているのが普通であり、そう考えることは事実に忠実なものの見方です。言い方を変えれば、私たちが見たり聞いたりしているメディア言語の中では、権力やマスメディアが、メッセージの受け手をコントロールするための実践を常に行なっているという前提に立ったほうがよいということです。ここで言いたいことは、権力のそのような実践が良いとか悪いとかいう評価ではありません。良い悪いの評価以前に私たちに求められるのは、その実践に気づく批判的なリテラシーであるということです。こ

こで言うリテラシーとは、「情報を、探し、入手し、一歩立ち止まって批判的に読み解き、批判的に考え、自分の生活の中で活用する能力」のことを指しています。そのような批判的なリテラシーを身につけるためにどうしたらいいのでしょうか。

6.2 批判的リテラシーを育てる

その答えは、相手がやっていることをしっかりと見きわめることから始めよう、です。それによって、部分的であれ、誘導を見抜くことができるからです。メディアの言説を通して権力の維持や強化が行われている実態は、結局のところは、見せるか見せないかということに収斂していきます。何を見せるのか、何を見せないのか、どう見せるのか、抽象的に見せるのか、具体的に見せるのか、自然を装って巧妙に際立たせない形で見せるのか、非常に目立つ形で見せるのか、というような意図を組み合わせながら、言説の中にさまざまな表現を組み込み、それを読ませることで情報の受け手を刺激し、一定の方向へ導く試みを実践し、それを通して権力の維持とか強化というものが行われているということです。それを私は「見え方をコントロールする見せ方」という言葉にまとめて表現しています。「見え方をコントロールする見せ方」を実践することは権力だけではできません。そこにはメディアの協力が必要です。そして、だからこそ、メディアの言説を分析する批判的談話分析（CDA）のような学問も必要なわけです。

複雑な情報化社会、さまざまな問題を抱えた社会を生きる私たちは、この「見え方をコントロールする見せ方」をしっかりと見きわめることが必要なのではないでしょうか。ある文章や発言を、見たり聞いたりした人がどういうふうに読むのか、どういうふうに聞くのかということを事前に見積もり、自分たちの思い通りにコントロールする見せ方や発信の仕方を、メディアにアクセスできる権力側の人たちとメディアとが一緒になって考え実践しています。少なくともメディアにはそういうコントロールにかかわっていく部分があるということを知っておくことは情報化社会を生きていく上でとても重要です。程度の差こそあれ、客観的な報道などはありません。ですから、そ

れをしっかりと見きわめようということは、なによりも大切なことだと言えます。

　仮に、ことの本質が言葉の表面から読み取れたとしても、それがその自分の読み方どおりで妥当であるかどうかはわかりませんし、何かが表面上に読み取れなかったからといってそれが存在していないとも限らないわけで、見えるものに惑わされない目というものと、見えないものを見る目というものとの両方が必要です。

　では、どのようにしたら見えないものを見る目と見えるものに惑わされない目が養えるのでしょうか。まず入門書や概説書などを読み、基本的な知識を身につけることが重要です。また、複数の新聞を読み比べたりソーシャルネットワークサービスを参照したりするなどして、情報入手先に幅をもたせることも大切です。しかし、それでも見えないものは見えなかったり、見えるものに惑わされたりすることがあるでしょう。そういうときに効果的なのが、自分が何をどう見ているかということを、もう一度自分でモニターすることです。それは、言い換えれば、確認とか検証とかいうことです。それをうまく行うことができたら、「ああ自分はこんな見方していたんだな」というところを出発点として、必要に応じてそれとは異なった見方を探していけます。自分でそれを行うことが難しければ、家族や友人などと一緒に、自分の読み方や考え方を話し合って共有するということを行なってもよいと思います。他者の読み方や考え方が、他者の視点が、自分の視点を確認し検証するヒントを与えてくれるでしょう。これは教育学の中では１つの大前提となっていることですが、実際の学びの場面では、自分一人で学んでいるつもりでも、実は周囲のやっていることを見て他者から学んでいることがあります。つまり私たちは他者と一緒になって学んでいるということです。学びの主体は自分ですが、学びに活用している資源（リソース）は自分以外のところにもたくさんあり、それを使って学んでいるということです。気づかないかもしれませんが、これは特別なことではなく、日常生活の中でごく普通に起こっていることです。そう考えると、優れたものの見方や読み方をしている人がいたら、その見方を真似してみるとか、自分と違う見方をしている人が

いたら、その普段の自分とは違う見方でものごとを見てみるとかいったように、これまでとは異なる視点でものごとを見たり考えたりしてみることも、批判的リテラシーを養うよいトレーニングになるのではないかと思います。

　他者との協働作業的な読みの実践が難しい人でも自分一人でできることがあります。たとえば、他のメディアの資料と比較してみるとか、同じメディアの資料でも時系列に並べて変化を眺めてみるとか、比較して見ることと時系列に見ることとを掛け合わせてみるとか、新聞だけではなく新しく登場してきたメディアであるブログやフェイスブックやツイッターなども見てみるとか、1つのメディアのタイプにかかわらずに、さまざまなものを時には時系列に、特には横断的に組み合わせてみる、比較してみる、そういう多面的な読み方の実践から見えてくるものも多くあります。

　これらの試みを繰り返し継続してみましょう。批判的な読み方を繰り返し実践することでリテラシーの向上が期待できます。私自身もさまざまな談話を取り上げ、さまざまな理論的枠組みを用いて CDA の研究を行うようになって数年経ちましたが、少しずつ批判的な考察力が身についてきたことが実感できるようになってきました。すばらしい批判的な読みというものには一朝一夕では到達できません。だからこそ常に意識を持ってメディアの言説に目を向け、繰り返し自分の行なっている読み方をチェックしながら、必要に応じて修正したり補正をかけたりすることを、意識し続け、実践し続けることが、批判的リテラシーの育成につながる一番効果的な方法であると思います。

6.3　批判的ということは寛容的であること

　世の中にはさまざまな情報があふれています。だからこそ情報を読み解く必要があります。同じ情報でも人によって読み方は異なります。では、自分と異なる読み方をした人の意見は無視したり意味のないものとして排除したりすればよいのでしょうか。私はあなたとは考えが違うと言って終わりにしてしまえばいいのでしょうか。私はそうではないと思います、そのような排他的な姿勢からは建設的な対話は生まれません。建設的な対話がなければ問

題解決も社会の発展もないでしょう。

　考えが異なる人との間の建設的な対話に必要なのは、一見すると矛盾するように思えますが、多様な意見の受容です。なぜなら、その受容の後で、あなたの意見は受け入れるけれど私はこう思う、という批判的な議論が可能になるからです。その建設的な議論というのが私たちの公正で平和な社会、私たちの未来を作っていくのではないでしょうか[11]。そしてここでも、そのきっかけとなる入り口は言葉です。そのためにもまず批判的な姿勢での情報受信ということを心がけていくことが重要です。批判的な姿勢や態度というものは、決して排他的で専制的な姿勢や態度を意味するものではありません。むしろ逆です。それは多様性を受け入れ、尊重する寛容な姿勢や態度です。今の社会をより民主的でよいものにしていくには、この寛容さが不可欠です。寛容さを育むのが批判的なリテラシーです。批判的リテラシーの重要さを最後に述べて、本章を終えたいと思います。

注

1　2015 年 3 月 30 日付けの各新聞でようやくチェック組織が機能しはじめたことが報じられました。特定秘密保護法案について、特集記事なども交えて継続的に報道を続けてきた朝日新聞の記事を紹介します。
「国会の監視機関が始動　特定秘密保護法施行から 4 カ月」
〈http://digital.asahi.com/articles/ASH3Z63TYH3ZUTFK014.html〉（2015.3.30 リンク確認）

2　毎日新聞「特定秘密文書：政府保有 18 万 9193 件　昨年末現在」
〈http://mainichi.jp/select/news/20150418k0000m010126000c.html〉（2015.4.18 リンク確認）
東京新聞「特定秘密 3 件「説明不十分」参院審査会　提示要求、調査へ」
〈http://www.tokyo-np.co.jp/article/politics/list/201511/CK2015112702000145.html〉（2016.8.12 リンク確認）
毎日新聞「国連人権理事会：秘密保護法など調査　政府申し入れで延期」
〈http://mainichi.jp/select/news/20151120k0000m040076000c.html〉（2015.11.19 リンク確認）

3　毎日新聞に情報が出ています。

「適性評価：9 万 7560 人…特定秘密の取り扱い許可」
〈http://mainichi.jp/select/news/20151201k0000e040201000c.html〉（2015.12.1 リンク確認）。法律の完全施行については東京新聞の記事が参考になります。
「秘密保護法『完全施行』って？　職員ら『適性』チェックに時間」
〈http://www.tokyo-np.co.jp/article/national/list/201510/CK2015101402000122.html〉
（2016.8.12 リンク確認）

4　東京新聞は「秘密法　完全施行　監視機能不十分のまま」という記事を配信しています。
〈http://www.tokyo-np.co.jp/article/kakushin/list/CK2015120102000133.html〉
（2016.8.12 リンク確認）

5　朝日新聞社メディアビジネス局ウェブサイト「日本新聞協会「2013 年全国メディア接触・評価調査」結果を発表　新聞を読む人は 83.6 ％」を参照のこと。YOMIURI ONLINE にも「新聞『必要』88％、『信頼できる』は 77％」という記事が配信されています。
〈http://adv.asahi.com/modules/kikimimi/index.php/content0171.html〉（2016.8.12 リンク確認）
〈http://www.yomiuri.co.jp/national/20151010-OYT1T50080.html〉（2015.10.10 リンク確認）

6　一次資料としての首相記者会見談話は首相官邸のホームページ「平成 25 年 12 月 9 日安倍内閣総理大臣記者会見」で確認できます。
〈http://www.kantei.go.jp/jp/96_abe/statement/2013/1209kaiken.html〉（2016.8.12 リンク確認）

7　産経新聞の記事を挙げます。
「アベノミクス道半ば　景気回復「実感せず」が 78％　期待度低調」〈http://www.sankei.com/politics/news/150126/plt1501260047-n1.html〉（2016.8.12 リンク確認）

8　ヴォダック（2010）に詳しい説明があります。日本語で簡単に言えば、「〜ならば、〜である」や「〜だから、〜である」のような論理関係を表す公式のようなものと言えるでしょう。

9　首相官邸ホームページには最終改正平成 25 年 12 月 4 日付けで「国家安全保障会議設置法」が掲載されています。
〈http://www.kantei.go.jp/jp/singi/anzenhosyoukaigi/konkyo.html〉（2016.8.12 リンク確認）

10　意味の面からの考察やより踏み込んだ考察は名嶋（2015a）（2015b）を参照のこと。また、章末の資料を、本書に収録されている諸論文を参考にしてさまざまな着目点で読むことも、本章が最後に述べる批判的リテラシーの涵養に役立つと思います。

11 そのような社会の実現を教育を通して行うものが「民主的シティズンシップ教育」と呼ばれるものです。欧州評議会では、この民主的シティズンシップ教育を、多様な共同体からなる EU（ヨーロッパ共同体）そのものを成立させ、結束させ、維持していくために不可欠なものと考えています。そこでは、「批判的」という姿勢が重要視されています。詳しくはマイケル・バイラム（2015）を参照してください。

参考文献

テウン・A・ヴァン・デイク（2010）「学際的な CDA 多様性を求めて」、ルート・ヴォダック、ミヒャエル・マイヤー編著、野呂香代子監訳（2010）『批判的談話分析入門』三元社. pp.133–166.

名嶋義直（2015a）「特定秘密保護法に関する記者会見記事の批判的談話分析—ミクロ面の分析を中心に—」『文化』第 78 巻 3・4 号、東北大学文学会. pp.1–24.

名嶋義直（2015b）「特定秘密保護法に関する記者会見記事の批判的談話分析—トピック・連鎖・構造を中心に—」『日本語語用論フォーラム 1』ひつじ書房. pp.249–286.

ノーマン・フェアクラフ（2010）「社会科学研究におけるひとつの方法論としての批判的談話分析」、ルート・ヴォダック、ミヒャエル・マイヤー編著、野呂香代子監訳（2010）『批判的談話分析入門』三元社. pp.167–191.

マイケル・バイラム著、細川英雄監修、山田悦子・古村由美子訳（2015）『相互文化的能力を育む外国語教育　グローバル時代の市民性形成をめざして』大修館書店

ルート・ヴォダック（2010）「談話の歴史的アプローチ」、ルート・ヴォダック、ミヒャエル・マイヤー編著、野呂香代子監訳（2010）『批判的談話分析入門』三元社. pp.93–131.

【資料】

「通常の生活脅かされない」安倍首相会見の詳細

（1）世界各国では国家秘密の指定、解除、保全などには明確なルールがある。そのため、我が国がこうした秘密情報の管理ルールを確立していなければ、そうした外国からの情報を得ることはできない。さらに、提供された情報は第三者に渡さないのが情報交換の前提だ。いわゆるサードパーティールールだ。

（2）その上でチェック機能をどう作るかが課題となった。日本を守っている航空機や艦船の情報が漏洩（ろうえい）してしまうという事態になれば、国民の安全が危機に瀕（ひん）することになる。また、人命を守るためには、なんとしてもテロリストへの漏洩を防止しなければならない。

（3）国民の生命と財産を守るためには国家安全保障会議の設置とあわせて、一刻も早

く特定秘密保護法を制定することが必要だった。

(4) 国会審議を通じて日本維新の会、みんなの党など与野党で幅広い議論をいただいた結果、12 の論点について法案修正がなされたことは大きな成果であり、良い法律にすることができたと考えている。

(5) 審議過程では、秘密が際限なく広がる、知る権利が奪われる、通常の生活が脅かされる、といった懸念の声もあった。

(6) しかし、そのようなことは断じてあり得ない。今でも政府には秘密とされている情報があるが、今回の法律により今ある秘密の範囲が広がることはない。そして、一般の方が巻き込まれることも決してない。

(7) 報道などで友達から聞いた話をブログで書いたら民間人でも厳罰とか、映画などの自由な創作活動が制限される、といった話を耳にして不安を感じている方々もいるかもしれない。

(8) しかし、そういうことは決してない。

(9) むしろこれまでルールすらなかった特定秘密の取り扱いについて、この法律の下で透明性が増すことになる。そのことは明確にしておきたい。外交・安全保障政策を国民と情報を共有しながら透明性を確保した上で進めることは言うまでもない。

(10) 今後とも国民の懸念を払拭（ふっしょく）すべく、丁寧に説明をしていきたい。厳しい世論については、国民の皆様の叱正（しっせい）だと謙虚に真摯（しんし）に受け止めなければならないと思う。私自身がもっともっと丁寧に時間をとって説明すべきであったと反省もしている。

(11) しかし、さきほど話をしたように、今まで秘密の指定、解除、保全、ルールがなかった。そこに問題がある。例えば、いわゆる日米安保についての密約の問題。私は官房長官や総理大臣を経験したが、その私も、あのいわゆる密約といわれた事柄について説明を受けなかった。

(12) しかしこの法律ができたことによって、今後は変わる。総理大臣は今後、特定秘密について情報保全諮問会議に毎年毎年報告をしなければならない。当然、項目において特定秘密について説明を受ける。受けた説明をこの諮問会議に説明する。そして諮問会議はその意見を国会に報告する。これが大きな違いだ。

(13) だから、今までのように、総理大臣も知らないという秘密はありえない。そして誰がその秘密を決めたかも明らかになる。そういう意味において、まさにしっかりとルールができ、責任者も明確になるということは申し上げておきたい。

(14) また、例えば特別管理秘密は 42 万件ある。この 42 万件のうち、9 割は衛星情報。おそらくこれ、皆さんもご存じなかったと思う。私も知らなかったわけだから、当たり前だ。そこに問題がある。これからはこういうカテゴリーが明らかになる。9 割は衛星情報、そしてそのあと多くが暗号だ。そして、さらにはそれぞ

れの自衛隊の艦船等細かい性能は全部秘密になっている。そういうものがカテゴリーとして明らかになっていく。中身、どういうカテゴリーになっているかということについては、いわば透明性は増していくということになる。

(15) 42万件も総理が管理できるのかという批判もあったが、まさにそういうなかにおいて、9割は衛星写真だから、衛星写真というカテゴリーになる。この解像度自体がどれくらい精密に撮れているかは秘密だ。あとは暗号、武器の指定。そして残りについては、さらにカテゴリーが分かれていることになっている。それを総理大臣は把握する。格段に、そういう意味ではルールのもとで指定が行われ、解除が行われ、さらには誰が責任かも、責任をもっているかも明らかになっていくということははっきりと申し上げておきたい。

(16) 廃棄においてもルールができる。いままで4万件の廃棄されたもののうち、3万件が民主党政権時代に、たった3年間のうちに防衛秘密が廃棄された。どうして廃棄されたのか、誰が責任があったのか。それも明らかじゃない。つまり格段に透明性も責任もルールも明確になるということは、はっきり申し上げておきたい。こういう説明をしっかりしていけば、必ず私は国民の皆様のご理解をいただけると思う。

(17) そしていつ施行していくか、これはまず1年ありきということでもないが、しっかりとチェック機能も含めて、この制度設計を行っていく。今申しあげたみたいな説明をしっかりと行っていく。その上において、しかるべき時に施行していきたい。

(18) 菅政権が隠したあの漁船のテープはもちろん特定秘密にはあたらない。誰がその判断をしたのか、明らかではない。菅総理なのか仙谷官房長官なのか福山官房副長官なのか。だれが本来公開すべき、国民の皆様にも公開をし、世界に示すべき、日本の立場の正しさを示すテープを公開しなければならないのに公開しなかったか。間違った判断をしたのは誰か。このこともみなさんわからないじゃありませんか。

(19) しかし、今度の法律によって、そもそもこれは特定秘密にはならないが、もし特定秘密にしたのであれば、その責任も全て所在は明らかになる。5年ごとに指定が解除されるかどうかということについてもチェックされる。大切なことは、しっかりとルールを定めて保全をしていく。保全はきっちりしていくということではないかと思う。

(20) 当然そうした特定秘密もそうだが、秘密文書は、歴史の判断を受けなければならない。つまり国立公文書館にスムーズに移管される。そのルールも今度はちゃんとできあがるわけで、現在の状況よりもはるかに私は改善されると思っている。

出典：朝日新聞デジタル〈http://digital.asahi.com/articles/TKY201312090452.html〉

（2015.2.16 リンク確認）。なお、一次資料としての談話は首相官邸ホームページで読めます。「平成 25 年 12 月 9 日安倍内閣総理大臣記者会見」〈http://www.kantei.go.jp/jp/96_abe/statement/2013/1209kaiken.html〉（2016.8.12 リンク確認）

執筆者紹介(五十音順　＊は編者)

庵功雄(いおり　いさお)
一橋大学　国際教育センター教授。
主な著書に、『やさしい日本語──多文化共生社会へ』(岩波書店)、『留学生と中学生・高校生のための日本史入門──信長から安保法制まで』(晃洋書房)などがある。

今村和宏(いまむら　かずひろ)
一橋大学　経済学研究科准教授。
主な著書に、『わざ─光る授業への道案内』(アルク)、共著に、日本語教育政策マスタープラン研究会編『日本語教育でつくる社会──私たちの見取り図』(ココ出版)などがある。

大橋純(おおはし　じゅん)
メルボルン大学　アジアインスティチュート准教授。
主な著書・論文に、Ohashi. *Thanking and Politeness in Japanese.* (Palgrave Macmillan), Ohashi and Chang. (Im) politeness and relationality. In Culpeper, Haugh and Kádár (eds.) *Palgrave Handbook of Linguistic (Im) politeness.* (Palgrave Macmillan)などがある。

神田靖子(かんだ　やすこ)
大阪学院大学　名誉教授。
主な共著に、神田靖子・高木佐知子編著『ディスコースにおける「らしさ」の表象』(大阪公立大学共同出版会)、名嶋義直・神田靖子編『3.11 原発事故後の公共メディアの言説を考える』(ひつじ書房)などがある。

名嶋義直（なじま　よしなお）＊
琉球大学　グローバル教育支援機構　国際教育センター教授。
主な共著に、名嶋義直・神田靖子編『3.11 原発事故後の公共メディアの言説を考える』（ひつじ書房）、改憲をめぐる言説を読み解く研究者の会編『それって本当？メディアで見聞きする改憲の論理 Q＆A』（かもがわ出版）などがある。

野呂香代子（のろ　かよこ）
ベルリン自由大学　言語センター（日本語講座）専任講師。
主な共著・論文に、野呂香代子・山下仁編著『「正しさ」への問い—批判的社会言語学の試み』（三元社）、「批判的談話分析」渡辺学・山下仁編『講座　ドイツ語言語学　第 3 巻　ドイツ語の社会語用論』（ひつじ書房）などがある。

メディアのことばを読み解く7つのこころみ
Seven Approaches to Uncovering Media Discourse
Edited by NAJIMA Yoshinao

発行	2017 年 2 月 20 日　初版 1 刷
定価	2400 円＋税
編者	ⓒ 名嶋義直
発行者	松本功
装丁者	渡部文
印刷・製本所	三美印刷株式会社
発行所	株式会社 ひつじ書房
	〒 112-0011 東京都文京区千石 2-1-2　大和ビル 2 階
	Tel.03-5319-4916　Fax.03 5319-4917
	郵便振替 00120-8-142852
	toiawase@hituzi.co.jp　http://www.hituzi.co.jp/

ISBN978-4-89476-841-3

造本には充分注意しておりますが、落丁・乱丁などがございましたら、
小社かお買上げ書店にておとりかえいたします。ご意見、ご感想など、
小社までお寄せ下されば幸いです。

メディアとことば

各巻　定価 2,400 円＋税

1　特集：「マス」メディアのディスコース
三宅和子・岡本能里子・佐藤彰編

2　特集：組み込まれるオーディエンス
三宅和子・岡本能里子・佐藤彰編

3　特集：社会を構築することば
岡本能里子・佐藤彰・竹野谷みゆき編

4　特集：現在を読み解くメソドロジー
三宅和子・佐竹秀雄・竹野谷みゆき編

講座社会言語科学

各巻　定価 3,200 円＋税

第 1 巻　異文化とコミュニケーション
井出祥子・平賀正子編

第 2 巻　メディア
橋元良明編

第 3 巻　関係とコミュニケーション
大坊郁夫・永瀬治郎編

第 4 巻　教育・学習
西原鈴子・西郡仁朗編

第 5 巻　社会・行動システム
片桐恭弘・片岡邦好編

第 6 巻　方法
伝康晴・田中ゆかり編

ひつじ意味論講座
澤田治美編　　各巻　定価3,200円＋税

第1巻　語・文と文法カテゴリーの意味

第2巻　構文と意味

第3巻　モダリティⅠ：理論と方法

第4巻　モダリティⅡ：事例研究

第5巻　主観性と主体性

第6巻　意味とコンテクスト

第7巻　意味の社会性

市民の日本語へ 対話のためのコミュニケーションモデルを作る
村田和代・松本功・深尾昌峰・三上直之・重信幸彦著
定価 1,400 円＋税

共生の言語学 持続可能な社会をめざして
村田和代編　定価 3,400 円＋税

3.11 原発事故後の公共メディアの言説を考える
　名嶋義直・神田靖子編　定価 2,700 円＋税

迷走する外国人看護・介護人材の受け入れ
　布尾勝一郎著　定価 1,600 円＋税